LES
ÉTRANGÈRES

POÉSIES

TRADUITES DE DIVERSES LITTÉRATURES

PAR

H.-FRÉD. AMIEL

> Reproduction exacte
> des Rhythmes originaux.
> Pratique et Théorie.
> Innovations proposées.

PARIS

SANDOZ ET FISCHBACHER, ÉDITEURS

33, rue de Seine, 33

NEUCHATEL   GENÈVE
Jules Sandoz   Librairie Desrogis

LES ÉTRANGÈRES

LES
ÉTRANGÈRES

POÉSIES

TRADUITES DE DIVERSES LITTÉRATURES

PAR

H.-FRÉD. AMIEL

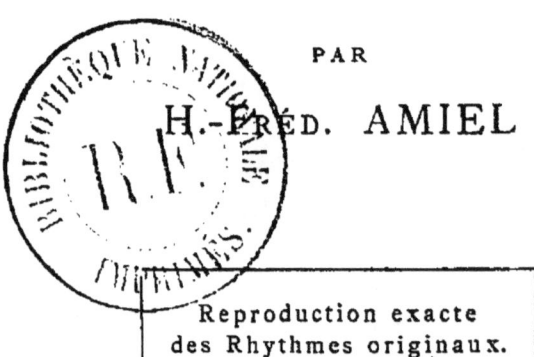

Reproduction exacte
des Rhythmes originaux.
Pratique et Théorie.
Innovations proposées.

PARIS
SANDOZ ET FISCHBACHER, ÉDITEURS
33, rue de Seine, 33

NEUCHATEL   GENÈVE
Jules Sandoz   Librairie Desrogis

A M. EDMOND SCHERER

Permettez-moi de vous faire hommage des Etrangères. Ce recueil a, je le crains, deux chances de déplaire à votre goût si exigeant et si pur : d'abord les pièces qu'il renferme sont des traductions en vers; en outre, plusieurs d'entre elles présentent des rhythmes inusités dans notre versification. Mais voici mon excuse. Il m'a semblé qu'en dépit de toutes les bonnes raisons que l'on peut donner, et que vous avez fait valoir contre les traductions en vers, le procès n'est pas encore jugé sans appel. Et quant aux innovations rhythmiques, je sais que vous n'avez aucun préjugé et ne les écarterez point par la question préalable. Au surplus, j'ai mis à part dans le volume, ce qui concerne ces témérités de pratique et de théorie, et, comme une entreprise de ce genre ne fait, en définitive, de mal à qui et à quoi que ce soit, il sera sans doute à vos yeux admissible de l'essayer.

Je n'ai pas besoin de vous dire que les Etrangères, *bien qu'elles contiennent des morceaux empruntés à une douzaine d'idiomes différents et qu'elles reproduisent de préférence des poésies célèbres et caractéristiques, ne visent nullement au titre d'Anthologie polyglotte, car un recueil dix fois plus considérable serait encore trop mince pour répondre à cette intention, disons mieux, à cette ambition. Ce petit livre ne veut être autre chose que le spécimen d'une méthode de traduction un peu plus rigoureuse et plus fidèle que celle dont se contentent d'habitude le poëte et le lecteur français.*

Pour toutes sortes de causes, à vous bien connues, notre langue et notre versification se trouvent être des plus revêches à cet office délicat de la traduction, en d'autres termes les traductions françaises sont celles qui respectent le moins la nature propre et le caractère individuel des œuvres traduites. Mais, d'époque en époque, le goût français se montrant plus ouvert aux génies étrangers, l'interprétation peut, ce semble, devenir plus serrée et l'approximation moins inexacte, sans renoncer à être françaises.

Nous sommes bien d'accord sur la traduction parfaite. Ce serait celle qui rendrait, non pas seulement le sens et les idées de l'original, mais sa couleur, son mouvement, sa musique, son émo-

tion, son *style distinctif*, et cela dans le même *rhythme*, avec des vers de même forme et un même nombre de vers. Or, il n'est pas douteux que cet idéal est inaccessible, au moins dans notre langue, car si notre littérature est hospitalière, elle sous-entend que ses hôtes prendront ses habitudes, son costume et ses façons à elle, et non pas qu'elle-même fera la moitié des avances et du chemin. Mais en thèse générale, quel autre idéal est donc plus accessible? Ne suffit-il pas, ici comme ailleurs, c'est-à-dire en traduction comme en morale, qu'on se rapproche quelque peu du type irréalisable pour avoir droit à l'existence et même à l'encouragement?

Je reconnais que la traduction transpose plutôt qu'elle ne photographie les mérites de la poésie originale. Mais il me semble néanmoins qu'elle doit intéresser les personnes cultivées qui ne possèdent que leur langue maternelle, et celles qui disposent des deux langues aux prises dans toute version. Elle est d'ailleurs une lutte, lutte des plus instructives pour le traducteur lui-même; car traduire un maître, c'est l'interpréter dans le dernier détail, et pour l'interpréter, il faut le comprendre. J'estime donc que ce genre d'exercice psychologique doit être plutôt recommandé par les bons esprits que déconseillé, et j'espère qu'en considération des difficultés à *vaincre, vous ne rebuterez pas, Aristarque trop inflexible, la modeste offrande de ces reproductions françaises.*

Me demanderez-vous pourquoi les poésies allemandes dominent dans cette collection qui, à vrai dire, est plutôt internationale? La raison en est simple; c'est que pour la traduction en vers français, aucune peut-être des langues européennes n'est plus réfractaire et plus incommode que celle d'outre-Rhin; les obstacles sont là redoublés et multipliés comme à plaisir. Une réussite passable et même une demi-réussite dans ce cas particulier deviendrait dès lors une garantie ou plutôt un gage de possibilité générale pour les cas moins défavorables.

Mais j'ai hâte d'en finir avec ces explications, presque superflues, et je laisse la parole aux choses. Vous me rendrez peut-être le témoignage que je n'ai éludé sciemment aucun des obstacles du genre. Si, par hasard, il y a quelques conclusions littéraires ou critiques à tirer de ce premier essai d'un procédé nouveau, elles sont de votre ressort, non du mien. Il ne me reste donc qu'à les attendre de votre sagacité impartiale, en me recommandant, quelles qu'elles soient, à votre bienveillant souvenir.

H. F. A.

15 novembre 1875.

PREMIÈRE PARTIE

RHYTHMES CONNUS

I

L'ESPRIT DES EAUX

Ta vie, âme immortelle,
A quoi ressemble-t-elle?
A la cascade. — L'eau
Vient du ciel, brille et tombe,
Remonte à son berceau,
    Colombe,
Puis sur terre, en ruisseau
    Retombe :
Cercle toujours nouveau.

Du rocher qui surplombe
Si la fluide trombe
Glisse en nappe d'argent,
Autour d'elle, en buée,
D'une molle nuée
Luit le voile changeant ;
Et le roc nu s'enroule
Dans la chaste blancheur,
Et l'eau, sous la vapeur,
Frais murmure qui croule,
Fuit vers la profondeur.

Qu'à sa course rapide
S'oppose quelque écueil,
Soudain, le flot limpide
Se hérisse, et d'orgueil
  Ecume ;
Et le jet bondissant,
Frémissant, rugissant,
S'élance, et dans la brume
A l'abîme descend.

Il bouillonne, fantasque,
Et déjà, dans la vasque,

Cerné d'un gazon vert
Le torrent se rassemble,
Petit lac pur et clair;
Et, dans l'azur qui tremble,
La nuit, l'étoile semble
Mirer son doux éclair.....
Mais le zéphir, de l'onde
    Amant jaloux,
De son aile en courroux,
Peut troubler l'eau profonde.

    Destin mouvant,
    Grave et frivole!
L'âme qui flotte et vole
Pleure aussi bien souvent :
Sa vie a pour symbole
    L'onde et le vent.

De l'allemand.   GŒTHE.

II

PROMÉTHÉE

I

 O toi! que, dans ses maux cruels,
 La race humaine méprisée
 Trouva bon, quand des Immortels
 Sur elle éclatait la risée,
Quel fut de ta pitié, quel fut de ton amour,
Le salaire, ô Titan ? — Un outrageant supplice,
  Les fers, le rocher, le vautour,

Ce que peut un grand cœur dévorer d'injustice,
L'exécrable douleur qu'il faut dissimuler
    De peur que le ciel ne la goûte;
L'âpre ressentiment qui se ronge et qui doute,
    Et qui, sachant bien qu'on l'écoute,
Pour tromper les échos, ne veut point s'exhaler.

II

    Titan, tu connus cette angoisse,
    Ce tourment qui navre et qui froisse,
Le souffrir que ne peut accepter le vouloir.
Mais l'aveugle Destin qui gouverne le monde,
Ce principe absolu de haine, tyran noir,
    Dont la méchanceté profonde
    Au lieu de nous anéantir
Nous crée et veut créer tant d'êtres pour souffrir,
Le sort t'a refusé, toi, dont le courroux gronde
    Jusqu'à la faveur de mourir :
L'éternelle douleur demeure ton partage.--
    Tu l'as accepté sans pâlir,
    Cet abominable héritage.
Tout ce que Jupiter, de toi, fils de Japet,
    Put arracher par son outrage

C'est un air de menace; et ton sombre courage
Dédaigna, par l'aveu, de désarmer sa rage.
  Ton silence fut son arrêt.
Non, tu n'as pas voulu l'éclairer ni l'absoudre.
Le Maître du tonnerre, inquiet, put sentir
S'ébaucher dans son âme un vague repentir,
Et dans sa large main tu vis trembler la foudre.

III

  Ton seul crime fut d'être bon.
Tu voulus adoucir les terrestres misères,
Et de ta propre audace, aux êtres éphémères,
  Tu fis le magnifique don.
Arrêté par le ciel dans ton œuvre héroïque,
  L'invulnérable fermeté
  Que, dans cette aventure inique,
   Montra ton esprit indompté,
Nous lègue une leçon d'une grandeur tragique.
Ton destin, Prométhée, est tout notre destin;
Car, ainsi que toi, l'homme est à moitié divin,
  Onde trouble à la source pure;
Mesurant sa faiblesse, il connaît la pitié;
  Dans les secrets de la Nature
  Il lit, et prévoit à moitié

Grâce au deuil du présent, la souffrance future.
    Mais à tous ses maux le mortel,
    Des hautains despotes du ciel
    Bravant comme toi l'anathème,
Oppose un front tranquille, obstiné, solennel,
    Une âme sûre d'elle-même.
A ce cœur intrépide a largement suffi
    L'absolution de l'histoire ;
    Il met à résister sa gloire,
    Et, triomphant par le défi,
    Fait de la mort une victoire.

De l'anglais.   BYRON.

III

LE MONT NÉBO

Au bord du vert Jourdain, au pied du mont Nébo,
Réchappé du désert et de l'Egypte, campe
Le peuple d'Israël. En face est Jéricho.
Les Hébreux dans le sol ont enfoncé la hampe.

Les bâtons sont posés, les rouleaux étendus,
Les ceinturons défaits, la provende étalée.
Femme, enfant, sont assis sur les moelleux tissus ;
L'homme est brun, svelte, vif ; barbe noire et bouclée.

Bientôt, sur le gazon, de leurs tentes de lin
Pour le prochain sommeil ils ont dressé la flèche.
Puis, loin des feux du jour, dans le taillis voisin,
Tous vont, après que l'outre a puisé l'onde fraîche.

Plus tard, le chamelier étrille ses chameaux ;
L'huile a purifié les corps de leur poussière ;
A l'ombre, en ruminant, sommeillent les troupeaux ;
L'étalon délié bondit dans la clairière.

Et les voix des Hébreux s'élèvent pour prier,
Saluant la patrie et la Terre promise.
De son glaive, chacun examine l'acier ;
Sa main impatiente en attendant l'aiguise.

Sur l'autre bord du fleuve est le Jardin de Dieu,
Asile du repos, pays de l'abondance,
Dont le lait et le miel, dans les sables en feu,
Excitant leur désir, soutint leur espérance.

« Canaan ! Canaan ! » — Mais du Nébo rocheux,
Leur chef, un grand vieillard, à pied gravit les rampes,
De sa tête, à longs flots, la neige des cheveux
Tombe, et deux rayons d'or jaillissent de ses tempes.

LE MONT NÉBO.

Quand, sur l'âpre sommet, Moïse est arrivé,
Vers tous les horizons se tourne son front pâle.
Il le voit, cet Eden cent ans par lui rêvé,
Terre qu'il ne doit point fouler de sa sandale.

De Dan à Galaad, de Tsoar à la mer
Se déploie, habité par des races maudites,
Le pays des palmiers, du blé d'or, du pré vert ;
Moïse a contemplé les champs des Moabites.

« Je t'ai vu, Canaan, mon labeur n'est pas vain.
« Jéhovah, de ton doigt ferme ici ma paupière ! »
Et l'Esprit du Seigneur dans un nuage vint,
Et soudain disparut le prophète en prière.

———

Heureux qui peut mourir sur la cime des monts,
Où les rayons du jour colorent les nuages :
Quel suaire ! forêts, cités, plaines, vallons ;
Quel dais ! l'éther immense ouvrant ses paysages

De l'allemand.   FREILIGRATH.

IV

BELSATZAR

Minuit. Dans les places, personne.
Tout dort. L'ombre est sur Babylone.

Mais au palais du roi, grand jour :
Flambeaux, rumeurs, gala de cour.

Et, pour la fête colossale,
Belsatzar trône dans la salle.

Joyeux, vidant la coupe d'or,
Les grands à l'entour font décor.

Aux chants, aux rires, au tumulte,
Belsatzar, le roi sombre, exulte.

Sa joue a perdu sa pâleur,
Le feu du vin gonfle son cœur.

A sa perte, il court de lui-même;
Aveuglé, Belsatzar blasphème.

Son discours, toujours plus hardi,
Des flatteurs est plus applaudi.

Ivre d'une audace coupable,
Il donne un ordre : et, sur la table,

On apporte, pour braver Dieu,
Les vases d'or du temple hébreu.

L'impie en saisit un. Rapide,
Il l'emplit de vin et le vide.

Il le retourne lentement,
Et s'écrie alors, écumant :

« Jéhovah, honte à ta couronne!
« Je suis le roi de Babylone! »

Mais sa lèvre à peine a maudit,
Qu'il s'arrête, pâle, interdit.

Et, dans la fête colossale,
Un froid de mort emplit la salle.

Soudain sur la haute paroi,
Ecrit une main d'homme..... Effroi!

En traits de flamme écrit encore,
Ecrit la main, puis s'évapore.

Et Belsatzar, sourcils froncés
Tremble. Ses membres sont glacés.

Baissant leurs paupières craintives,
D'horreur frissonnent les convives.

Viennent bientôt mage et devin..
Déchiffreront-ils? Espoir vain.

Et Belsatzar, cette nuit même
Perdit tout, vie et diadème,

De l'allemand.   HEINE.

V

LES NUAGES

Oiseau, sans fin je planerais
    Au ciel, dans les nuages ;
Peintre, sans fin j'ébaucherais
    Leurs flottantes images.

Je les aime d'un fol amour,
    Qu'ils s'ouvrent ou se joignent ;
S'ils viennent je leur dis : Bonjour !
    Au revoir ! s'ils s'éloignent.

Aussi leur peuple aérien
 De tendresse me paye;
Il me cherche et comprend fort bien
 Ce que mon cœur bégaye.

Cent fois je les ai contemplés,
 Au couchant comme à l'aube,
Tels que de beaux enfants, roulés
 Dans leur changeante robe.

Et je les ai surpris souvent
 Irrités, en querelle,
Comme des rivaux, dans le vent
 Se bourrant de leur aile.

Et j'ai vu leur cortége errant
 Bondir en cavalcade,
Puis en bons frères, entourant
 La lune, sœur malade.

Avec tendresse, avec émoi
 Je les suis, je les aime;
Dans toutes leurs formes, sur moi
 Leur empire est le même.

Qu'est-ce en eux qui m'attire tant?
 J'y reconnais ma vie,
La même en son vol inconstant
 Et brisée et suivie.

Et de leur front capricieux,
 Pour compléter leurs charmes,
Jaillissent, comme de mes yeux,
 Des éclairs et des larmes.

Du hongrois. PÉTŒFI.

VI

ALEXANDRE

Dans le bûcher, vaillante armée,
Des Perses jetez le trésor !
Que de la fournaise enflammée
L'ancien phénix renaisse encor !

Qu'à ma voix votre voix réponde ;
Aux chaînes de fleurs avec moi
Arrachez-vous, vainqueurs du monde :
Alexandre redevient roi.

Babylone, ardente maîtresse,
Trop longtemps nous tint sous ses lois;
Echappons à l'enchanteresse
Par de plus glorieux exploits.

Suze est aux genoux d'Alexandre;
Tyr paye humblement le tribut
Et Persépolis est en cendre :
Brillants triomphateurs, salut!

Aujourd'hui notre route change,
Soldats, mais le but est pareil;
Volons vers les plaines du Gange,
Cherchons le berceau du soleil.

Quand l'Inde aux cités éclatantes
Et le Mérou seront vaincus,
Nous prodiguerons, sous nos tentes,
Les libations à Bacchus.

Couronnés de pampre et de lierre,
Au bord de l'Océan de feu,
Alors, ô Grecs, notre main fière,
Brandira le thyrse du dieu.

De l'allemand.   LINGG.

VII

LA CAUSE UNIVERSELLE

Dans tes yeux, ô toi que j'aime,
Je lis comme en un miroir,
Le mystère de moi-même,
Qu'en moi je ne pouvais voir.

Que leur rayon pur m'éclaire,
En mon âme et dans le ciel
Je distingue l'éphémère
Du constant et du réel.

Qu'en nous palpite, profonde,
La grande voix de l'amour,
Je sens ce qui meut le monde,
Du premier au dernier jour.

L'amour fait voguer les sphères,
L'amour fait vivre et mourir,
Et tous les cercles stellaires,
Se bercent dans mon soupir.

Des cieux, la paix fait l'essence
Mais la guerre fait l'essor ;
Guerre et paix, double puissance
Que tu possèdes encor !

Tu fais ma joie et ma peine,
Et ma force et mes douleurs ;
Par toi, chère souveraine,
Je suis, je vis et je meurs.

De l'allemand. RÜCKERT.

VIII

SPARTACUS

Le hardi Spartacus, le gladiateur thrace
    Aux esclaves armés du fer
Dont il fit des soldats et qui suivent sa trace,
    Entre le Vésuve et la mer,
Parle : « L'ancien esclave est désormais un homme !
    Fils du glaive, que voulons-nous ?
Combattre l'oppresseur, faire agenouiller Rome.
    Volcan à l'éternel courroux,
Sois ici mon témoin ! Peuple-roi, je te somme
    De nous rendre la liberté !

Gaulois, Scythes, Germains, Parthes, Albanais, Daces,
  Peuple justement révolté,
Tu reçus mille affronts, sache avoir mille audaces !
  Pour leur exécrable plaisir
Nous fûmes trop longtemps meurtriers l'un de l'autre.
Le Romain, dans le sang, comme un tigre se vautre :
  Nubien, tu le feras fuir !
Le Romain est un loup : frappe-le de ta chaîne,
  Valeureux Cimbre, étends-le mort !
Que vos muscles d'acier qui tantôt dans l'arène
  Usaient, épuisaient leur ressort,
  Donnent pour but à leur effort,
Les applaudissements de notre seule haine.
  Les cadavres des fiers Romains,
Dans le cirque, feront, bien mieux que leur louange,
  Honneur à l'œuvre de nos mains.
Ils adorent les jeux : hache, épieu, dard, alfange,
  Cimeterre, en hommes de cœur,
Faites-les donc briller, montrez à leur surprise
  Le grand jeu du gladiateur.
Sans trêve et sans merci, frappez ! Partout qu'on vise
  A la toge des chevaliers !
Que le bronze et le fer que votre rage aiguise
  Aux flots de leur sang soient rouillés !

Rome, tu dois tomber. Ton colosse est d'argile,
 Ton Panthéon n'est qu'un bazar.
L'esclave soufflera sur ta splendeur fragile,
 Grand météore du hasard.
De son haut piédestal, ta louve renversée
 Va voir jeter aux quatre vents
La dépouille du monde à ses pieds dispersée.
 De l'Afrique aux sables mouvants
Jusqu'à la verte Erin, de l'Espagne en Colchide,
Laboureur patient ou nomade intrépide,
 L'homme chantera, libre enfin.
Si longtemps ravagés par leurs chars de victoire,
 Nos sillons mûrissaient en vain;
Nous les moissonnerons, moisson expiatoire.
 Consuls, légions, à ma voix
Debout! vous dont la paix et les plaisirs nous tuent!
Ceux qui veulent mourir ou vaincre vous saluent,
 Mais c'est pour la dernière fois!

De l'allemand.   LINGG.

IX

LE VIEUX FER

LÉGENDE

Quand, humble encor et peu connu,
En Galilée allait pied nu
Notre Seigneur, suivi d'apôtres
Qui le comprenaient moins que d'autres,
Alors, en plein air, au grand jour,
Il aimait à tenir sa cour,
Car, sous le ciel bleu, la parole
Plus claire vient, plus libre vole.
C'est là que les mots lumineux

Sur sa lèvre accouraient nombreux.
Ses paraboles, ses exemples
Des carrefours faisaient des temples.
Ainsi, le cœur paisible, un jour,
Jésus cheminait vers un bourg.
D'un vieux fer laissé dans l'ornière
Le coin sortait de la poussière.
« Relève ce fer à cheval, »
Dit Jésus d'un ton amical
Au bon saint Pierre. Mais l'apôtre
Faisait juste un rêve bien autre.
Il songeait à gouvernement,
Songe agréable assurément
Quand nul obstacle ne s'y montre.
Ruminant ainsi de rencontre,
Portant sceptre et manteau de roi,
Pierre trouve indigne de soi,
Pour cette chétive trouvaille,
De courber une haute taille,
Et, comme il n'a pas répondu,
Feint de n'avoir rien entendu.
Le maître, en sa douceur extrême,
Ramasse alors le fer lui-même
Et n'en parle plus. Dans le bourg

Ils arrivent au chaud du jour.
D'un forgeron pour la ferraille,
Jésus obtient trois as, qu'il baille
Pour des cerises au marché.
A ces fruits il n'a pas touché,
Ayant son dessein. Les cerises
Par lui furtivement sont mises
Dans sa manche. Avançant toujours,
Ils passent la porte aux deux tours
Et gagnent la campagne ouverte.
Plus de maisons, peu d'herbe verte,
Point d'arbres sur le chemin blanc.
On eût, par ce soleil brûlant
Qui tout crevasse et tout dessèche,
Beaucoup donné pour de l'eau fraîche.
Jésus, qui marchait le premier,
Laisse un fruit choir sur le sentier.
Pierre bondit et la cerise
Plus qu'un fruit de terre promise
Est savourée. Un peu plus loin
Une seconde glisse à point.
Saint Pierre encor saute et se baisse.
Puis trois, quatre, cinq. Et sans cesse
Le disciple de se courber.

Jésus longtemps en fait tomber,
Mais jugeant la leçon comprise :
« Pierre, assez ! Que cela t'instruise.
« Petit effort au bon moment
« T'eût moins fatigué, sûrement.
« Qui pour un rien pleure sa peine,
« Pour moins, l'aura plus lourde et pleine. »

De l'allemand. Gœthe.

X

MERLIN DEVIN

Merlin, Merlin !
Avec ton grand chien noir, où vas-tu si matin?

— Dans le creux du rocher qui borde le rivage,
Malin, malin,
Je cherche, le matin,
L'œuf rouge du serpent marin ;
Non loin de la fontaine, au fond du val sauvage,
Je cherche encor
Un plus rare trésor,
Le cresson vert et l'herbe d'or ;

Au fond de la forêt que la foudre ravage
  Malin, malin,
  Je cherche le matin
 Le gui noir du chêne hautain.

 — Merlin, Merlin,
Laisse dans la forêt que la foudre ravage
 Le gui noir du chêne hautain,
  Ce fier butin ;
Laisse vers la fontaine au fond du val sauvage
 Le cresson vert et l'herbe d'or,
  Ce doux trésor ;
Laisse dans le rocher qui borde le rivage
 L'œuf rouge du serpent marin,
  Ce morceau fin.
Reviens donc sur tes pas, comprends, comprends enfin
 Qu'il n'est qu'un seul et vrai devin :
  C'est Dieu, Merlin.

Du breton.   *Chant populaire.*

XI

L'INFINI

J'aime cette colline ardue et solitaire,
Couronnée au sommet par des buissons épars
Qui du vaste horizon me cachent les trois parts.
Assis, je m'y recueille; et du silence austère
Le calme surhumain verse un baume en mon cœur.
Et l'espace insondable au delà des ramures
Me donne le frisson de l'abîme, et j'ai peur.
Puis j'écoute le vent gémir, et ses murmures
Broder leur vain babil sur l'infini muet.

Alors, je me souviens des choses éternelles
Et des jours révolus. Le présent aux voix grêles
Dans l'azur s'engloutit. Ce qui me remuait
N'est plus. Mon âme échappe à ses langueurs mortelles,
Et, dans cet Océan, le naufrage me plaît.

De l'italien. LÉOPARDI.

XII

ROLAND VARLET

Dans Aix, avec les douze pairs,
   Charlemagne est à table.
Bon gibier parfumant les airs;
   Vin clair et délectable.
Rubis, saphirs, tout un trésor
Scintille à l'entour des plats d'or.
   On mange, on rit, on sable.

« Vaillants barons, mes chers féaux,
 « Dit Charles, j'ai des peines.
« Que sont, près du roi des joyaux,
 « Les nôtres? Splendeurs vaines.
« Sur le bouclier nonpareil
« D'un géant, brille ce soleil
 « Dans le bois des Ardennes. »

Richard, le comte Aymon, Turpin,
 Naymes, le duc morose,
Et Milon d'Anglave, et Garin,
 N'ont point l'oreille close.
Ils ont demandé leur haubert,
Fait seller leurs coursiers au vert
 Et vont quérir la chose.

Et le jeune fils de Milon,
 Roland dit à son père :
« Si l'aigle défend à l'aiglon
 « De paraître à la guerre,
« Que, varlet, je porte en chemin
« Votre écu, votre épée à main,
 « Vous devant, moi derrière.

Les preux ensemble ont chevauché
    Vers la forêt profonde,
Puis séparément ont cherché
    Aventure à la ronde.
Roland, suivant son chevalier,
Portait épée et bouclier,
    Comme l'on porte un monde.

Les six ont, quatre jours entiers,
    Dans la forêt lointaine,
Fouillant taillis, ravins, halliers,
    Battu l'estrade vaine.
Enfin Milon, presque engourdi,
S'en vient dormir, sur le midi,
    A l'ombre d'un grand chêne.

Roland veillait. Par le travers
    Des bois qu'elle illumine,
Effarouchant les daims, les cerfs,
    Une lueur chemine.
Cet éclat sort d'un bouclier
Qu'au bras porte un géant altier,
    Descendant la colline.

« Que les chevreuils aient de l'effroi,
 « Dit Roland qui regarde,
« Pour si peu, vais-je éveiller moi
 « Le père? Non. S'il tarde,
« Si le preux est là sommeillant,
« L'épée et l'écu sont veillant,
 « Et Roland fait la garde. »

Il a ceint le glaive à son flanc,
 (La lame en était bonne);
La forte lance au poing, Roland
 Prend la targe qui sonne,
Saute en selle; à son destrier
Fait couper droit par le hallier,
 Et n'éveille personne.

En le voyant, brutal qu'il est,
 Le géant rit aux larmes :
« Qui m'a bâti ce roitelet
 « Enterré dans ses armes?
« Son glaive a deux fois sa longueur,
« Son cheval deux fois sa hauteur :
 « Qu'il m'inspire d'alarmes! »

— « Tu nargues, répliqua Roland,
  « En garde ! railleur tiède.
« Si mon bouclier est trop grand,
  « J'y trouverai remède.
« L'homme est petit, haut le coursier,
« Le bras est court, long est l'acier,
  « Où l'un faut, l'autre l'aide. »

Le géant pousse à fond l'épieu
  Que son gros poing balance ;
Roland, plus vif que n'est le feu,
  S'écarte, puis s'élance,
Coup de riposte audacieux ;
Mais le bouclier merveilleux
  A repoussé sa lance.

Roland la jette, et, dégaînant,
  Il a comme la foudre
Surpris cette fois le géant
  Moins rapide à découdre.
Il frappe et, sous l'oblique acier,
Il voit main gauche et bouclier,
  Abattus dans la poudre.

Mutilé du coup, le géant
   Recule et perd courage.
Plus d'écu-fée. En rugissant
   Il le voit sous l'ombrage.
Pour le reprendre, il court après.
Roland lui tranche un des jarrets :
   Le monstre roule et rage.

Aux cheveux Roland le saisit,
   Et lui coupe la tête.
Le flot du sang noir qui jaillit,
   D'un orme atteint le faîte.
Roland ôte alors de l'écu
Le diamant de son vaincu
   Et rit de sa conquête.

Il l'a caché sous son manteau
   Et court à la fontaine.
Mains, épée, habits, sont dans l'eau
   Bien lavés, non sans peine.
Enfin, repassant le vallon,
Roland revient sans bruit. Milon
   Dormait sous le grand chêne.

Près de lui, Roland ayant chaud
　　S'étend, rêve et sommeille.....
Le soleil n'était guère haut
　　Quand Milon se réveille :
« Debout ! debout, jeune écuyer !
« Vite en main lance et bouclier !
　　« Cherchons notre merveille. »

Dans le bois sourd, le bois profond,
　　Milon reprend la chasse.
Roland, chevauchant le second,
　　De près suivait sa trace.
Bientôt ils arrivent au lieu
Que Roland connaissait un peu :
　　Le mort était en place.

Mais Roland n'en croit pas ses yeux,
　　Il ne voit plus, sous l'orme,
Ni le chef du monstre orgueilleux,
　　Ni la main gauche énorme.
Manquent encore à son vaincu
Cuirasse, lance, épée, écu.
　　Rouge est le torse informe.

Milon toise le tronc sanglant :
   « Colossale stature !
« A voir la carène, ô Roland,
   « On pressent la mâture.
« C'est l'homme !... O sommeil suborneur,
« Tu m'as donc fait manquer l'honneur !
   « Ma peine est sans mesure. »

Charle attend devant son palais.
   Son âme est inquiète :
« Mes preux ne viendront-ils jamais ?
   « Rude fut donc la fête !
« Mais qu'aperçois-je ? n'est-ce pas
« Le comte Aymon, portant là-bas
   « A sa lance une tête ? »

Aymon vient, l'air triste, à pas lents :
   « Sire, point ne m'accueille !
« La palme des combats sanglants,
   « Un autre ici la cueille.
« La tête était sur un buisson
« A cinquante pas du tronçon,
   « Encor chaud sous la feuille. »

Vient Turpin, le héros complet.
  Au bout de son épée,
Un gant, et dans le gantelet
  La main de sang trempée :
« La relique est tout mon butin ;
« Au bois j'ai ramassé la main :
  « Un autre l'a coupée. »

Vient Naymes, le duc bavarois,
  Soufflant comme personne :
« J'ai trouvé cette pique au bois,
  « Pique ou plutôt colonne ;
« Le poids m'a presque fatigué.
« Pour me refaire le cœur gai,
  « La bière serait bonne. »

Vient à pied, près de son cheval,
  Richard. Il a sa charge,
Cimeterre, armure en métal,
  Heaume épais, lourd et large :
« Je ne rapporte que ceci,
« Mais il en reste, Dieu merci,
  « Sans parler de la targe. »

Vient Garin, sous le bouclier
   Du géant. La victoire
Etait donc au beau chevalier?
   La foule put le croire :
« J'ai bien la targe, de par Dieu !
« Mais le diamant du milieu
   « D'un autre fait la gloire. »

Dernier des six paraît Milon ;
   Sa pensée est amère.
Il penche sur son étalon
   Sa tête jadis fière.
Derrière lui, son écuyer,
Roland tient le glaive d'acier
   Et l'écu de son père.

Lorsque le palais n'est plus loin,
   Du bouclier qu'il serre,
Roland ôte et change avec soin
   L'ombilic ordinaire.
Fixant le joyau précieux
Droit au centre, il fait luire aux yeux
   L'éclat incendiaire.

Presque aveuglé par ce soleil,
 Charles, joyeux et grave,
Dit : « Salut, mon preux sans pareil,
 « Salut, Milon d'Anglave!
« Du géant tu fus le vainqueur,
« Tu lui pris tout : main, tête et cœur.
 « Milon est le plus brave! »

Milon se retournant soudain,
 Frappé par la lumière :
« Qu'est donc ceci, Roland?... Bambin,
 « Qui t'a donné la pierre? »
— « Pour Dieu, Seigneur, ne grondez pas,
« Car j'ai mis le butor à bas
 « Quand vous dormiez, mon père. »

De l'allemand.   Uhland.

XIII

LA PLAINTE D'INGEBORG

Il est parti ! L'été n'a plus de joie,
L'Océan gonfle un sein appesanti :
Vaste est sa plainte, hélas ! mon cœur s'y noie...
   Il est parti !

Loin sur les flots, des yeux je l'ai suivie
Sa blanche voile, en cachant mes sanglots ;
Avec Frithiof, elle emportait ma vie,
   Loin sur les flots.

Sur lui veillez, étoiles conductrices,
Epargnez-le, flots inhospitaliers,
Brises des eaux, qui fûtes ses nourrices,
    Sur lui veillez.

Au renouveau, sur la vague immortelle,
Lui, reviendra; mais ni sur le coteau,
Ni dans la salle il ne verra sa belle,
    Au renouveau.

Je dormirai, sous l'herbe épaisse et forte;
Par leurs discords, mon cœur fut déchiré,
Dans mes serments enveloppée et morte,
    Je dormirai.

Chasseur ailé, qu'il oublia peut-être,
Faucon chéri, tu seras consolé.
Mes soins pour toi remplaceront le maître,
    Chasseur ailé.

Sur un tapis, je brode son image,
Toi sur son poing, fier, les yeux assoupis;
Ta serre est d'or, et d'argent ton plumage
    Sur ce tapis.

Cherchant Edour en épouse fidèle,
Freya jadis, la déesse d'amour,
A d'un faucon emprunté la grande aile,
  Cherchant Edour.

Oiseau chéri, garde ta plume fière,
Point Ingeborg ne cherche de mari ;
L'aile de l'ange est celle que j'espère,
  Oiseau chéri.

Mon beau chasseur, perché sur mon épaule,
De l'horizon fouille la profondeur :
Ne vois-tu rien venir aux mers du pôle,
  Mon beau chasseur ?

A son retour, si je suis endormie,
Dix mille fois saluant mon amour,
Oiseau, dis-lui que je fus son amie,
  A son retour.

Tegnèr.

Du suédois. (Légende de Frithiof, chant IX.)

XIV

L'APPRENTI SORCIER

Enfin la maison il quitte
Le malin, le vieux sorcier!
Evoquons les esprits vite!
Car nous sommes du métier.
    J'ai vu la finesse,
    Faisons donc ici,
    Le jour qu'il nous laisse,
    Un prodige aussi.
      Kourils prestes,
      Mes bidets,
      Farfadets,
      Lutins lestes,

Apportez, à baquet plein,
L'eau qu'il faut pour faire un bain.

Allons, vieux balai, bon drille,
Depuis si longtemps valet,
Revêts-moi cette guenille,
Car l'uniforme me plaît.
 Sur deux pieds en course,
 Avec cruche au bras,
 Va vite à la source
 Puis tu reviendras.
  Servant preste,
  Mon bidet,
  Farfadet,
  Esprit leste,
Qu'on m'apporte à baquet plein,
L'eau qu'il faut pour faire un bain.

Comme il court à la fontaine !
Le revoici, cruche en main ;
Il repart sans perdre haleine,
Il rapporte le seau plein.
 La course est si prompte,
 Si prompts les retours,

Que l'eau monte, monte,
Monte au bain toujours.
  Halte! arrête!
  De tes dons
  Nous avons
  Pleine fête.
Ciel! je ne sais plus le mot
Qui suspend l'œuvre aussitôt.

Comment ramener à l'ordre
Des fadets le plus fervent?
Je voudrais le cou lui tordre!
Redeviens balai, servant!
   Et, le flot à l'onde
   S'ajoutant sans fin,
   La maison s'inonde,
   Déluge est le bain.
     Vois mon signe,
     Brute! oison!
     Trahison!
     C'est indigne!
Mais je tremble; quel regard
Lance le servant hagard!

Veux-tu noyer nos baraques,
Vermine de Lucifer?
Tortillard qui m'estomaques,
Finis-tu ce jeu d'enfer?
    Pilier qui chemine,
    Vilain avorton,
    Pilier de cuisine
    Redeviens bâton !
      Qu'on te joigne
      Seulement,
      Garnement,
      Qu'on t'empoigne !
D'un coup de hache, je veux
Gredin, te couper en deux !

Ah ! le voilà qui m'échappe
Et verse encor un baquet,
Mais cette fois je l'attrape,
Cobold, voici ton paquet !
    Crac ! la perche dure
    Est en deux morceaux,
    Et je me rassure.....
    Espoir vain et faux !

O misère!
Le second
Suit d'un bond
Son confrère,
Au lieu d'un, j'ai deux servants,
Au secours, dieux tout-puissants!

Tout est perdu sans remède.
Le novice est aux abois :
« O maître et seigneur, à l'aide!
« Accours, vole, entends ma voix. »
  Il vient : « Maître, maître,
  « Pardonne. Je sus
  « Les faire apparaître,
  « Je n'en sais pas plus. »
   — « Dans ton antre,
   « Sans délai,
   « Vil balai,
   « Rentre, rentre!
« C'est moi qui suis le sorcier.
« Petit, laisse mon métier. »

De l'allemand.   Gœthe.

XV

LORLEY

Mon cœur, pourquoi ces noirs présages ?
  Je suis triste à mourir.
Une histoire des anciens âges
  Hante mon souvenir.....

Déjà l'air fraîchit, le soir tombe,
  Sur le Rhin, flot grondant ;
Seul, un haut rocher qui surplombe
  Brille aux feux du couchant.

Là-haut, des nymphes la plus belle,
    Assise, rêve encor ;
Sa main, où la bague étincelle,
    Peigne ses cheveux d'or.

Le peigne est magique. Elle chante,
    Timbre étrange et vainqueur ;
Tremblez, fuyez ! la voix touchante
    Ensorcelle le cœur.

Dans sa barque, l'homme qui passe,
    Pris d'un soudain transport,
Sans le voir, les yeux dans l'espace,
    Vient sur l'écueil de mort.

L'écueil brise, le gouffre enserre
    Et nacelle et nocher.....
Et voilà le mal que peut faire
    Lorley sur son rocher.

De l'allemand.   HEINE.

XVI

LE ROI DE THULÉ

A Thulé vivait un bon roi.
    Près de mourir, sa belle
Remit une coupe à sa foi ;
    En main, l'or étincelle.

Il ne boit plus qu'en ce trésor.
    La coupe est toujours neuve ;
Et du roi la paupière encor
    Se mouille, à chaque épreuve.

Et quand il s'en vint à trépas,
    Villes et tout, il donne
A l'héritier de ses Etats,
    Mais la coupe, à personne.

Dans la grand'salle des aïeux,
    Haut, sur la mer profonde,
Il fait le banquet des adieux :
    Chevaliers à la ronde.

Debout, le vieillard boit encor
    Et prend congé du monde;
Il a lancé la coupe d'or
    Dans le flot bleu qui gronde.

Penché, la voit plongeant, des cieux
    Dans la vague farouche,
Puis retombe et ferme les yeux;
    Plus ne rouvrit la bouche.

De l'allemand.   GŒTHE.

XVII

LE MOT DE L'ÉNIGME

Le Seigneur accomplit sans hâte, avec mystère,
  Ses buts miséricordieux ;
Il chevauche l'orage, il gourmande la terre
  Et gouverne les vastes cieux.

Dans les obscurités du temps et de l'abîme,
  Son art aux merveilleux secrets
Fait germer les desseins que son vouloir sublime
  Mûrit, sans défaillir jamais.

Donc, timides croyants, fidèles sans courage,
        Ayez foi, relevez le front;
De la nue aux flancs noirs qui promenait l'orage
        Voici, des bienfaits descendront.

Ne mesurez pas Dieu sur vos pensers débiles;
        Confiez-vous. De l'Eternel
La providence a l'air rigoureux : plus habiles,
        Devinez l'amour paternel.

Les décrets de Celui qui conserve et consume
        Un jour s'éclairciront pour tous;
La fleur peut à la bouche offrir de l'amertume,
        Le fruit, croyez-moi, sera doux.

Le doute, aux yeux perçants, s'aveugle et devient ivre
        A juger des plans trop profonds.
Dieu se charge tout seul d'interpréter son livre,
        Et, grâce à lui, nous comprendrons.

De l'anglais.   Cowper.

XVIII

LE PIBROCH DE DONALD DHU

« Gronde, ô pibroch de Donald !
De ta voix sauvage,
Somme le clan de Conwald,
Montagne et rivage !
Accourez, chefs et soldats,
Cœurs ivres de vie ;
Accourez, car aux combats
Donald vous convie.

« Accourez des creux vallons,
　　De la gorge fière ;
Inverloch tient nos pennons,
　　Nos clairons de guerre.
Viens de partout, plaid guerrier,
　　Qu'un loyal cœur porte ;
Viens, bonne lame d'acier,
　　Que brandit main forte.

« Laissez les bœufs sous le ciel,
　　Moutons en fourrière,
La fiancée à l'autel,
　　Le mort dans sa bière ;
Laissez filets, bateaux, lâcs,
　　Laissez toute proie ;
Boucliers et coutelas,
　　Seront votre joie !

« Venez, comme l'ouragan
　　Quand il tord l'ombrage,
Comme bondit l'Océan
　　Les jours de naufrage.
Vite, vite, pour le bal,
　　Pour le bal du glaive,

Page et groom, seigneur, vassal,
    Vite, qu'on se lève!... »

Ils accourent à travers
    Pré, bois, lande et seigle;
C'est comme un flot dans les airs,
    Flot de plumes d'aigle.
« Hourrah! Dégainez; en roc
    Formons la colonne;
De Donald, sonne, ô pibroch,
    Pour le combat, sonne! »

De l'anglais.   WALTER SCOTT.

XIX

VAINS SOUPIRS

(LLAMO CON SUSPIROS)

Vains sont les soupirs, mon bonheur est mort !
Car sur l'eau s'en vont, s'en vont les galères !

Déjà trente jours, j'ai vu fuir du port
Sa rame, fendant les ondes amères.
Et plus j'appelais, plus il ramait fort.
Et j'ai vu s'ouvrir les voiles légères.

Pour les ramener, volaient mes désirs;
Et plus vite ont fui, fui les blanches ailes.
Mais, puisque ses vœux me sont infidèles,
Que me font et rame, et voile, et zéphirs?
   O douces chimères!
Mon bonheur est mort, vains sont les soupirs,
Car sur l'eau s'en vont, s'en vont les galères!

A ces bâtiments, qu'emportent les flots,
Folle qui s'attache et qui se confie!
A ces pavillons, fuyant sans repos,
Malheureuse, hélas, qui donna sa vie!
Sur les flots, changeants comme ses désirs,
Le rameur penché fuit à tire d'ailes,
Mes vœux, mes vœux seuls sont restés fidèles.
Perfide est la mer, traîtres les zéphyrs;
   Cruelles chimères!
Mon bonheur est mort, vains sont les soupirs,
Car sur l'eau s'en vont, s'en vont les galères!

De l'espagnol.   PRINCE D'ESQUILACHE.

XX

ECKARD LE BON GÉNIE

« Oh ! que nous voudrions être chez nous ! La peur,
Si loin de la maison, nous fait battre le cœur !
    Le bois sombre est rempli d'embûches.
Si les mauvaises sœurs, les Houldes, sont au bois
Elles arracheront les cruches de nos doigts
    Et laisseront vides nos cruches. »

Et des enfants craintifs le regard interdit
Voit un doux et vieil homme apparaître. Il leur dit :
    « Silence, petites personnes !

Les Houldes sont en chasse, elles ont soif ; laissez,
Laissez-les boire, et quand elles auront assez,
    Les Mauvaises vous seront bonnes. »

Il dit. Grand tourbillon. Les spectres altérés
Ont aux cruches d'étain des enfants effarés
    Bu, lampé tout comme à la source.
Les cruches sont à sec, plus de bière. Aussitôt
Des Houldes au front gris l'essaim triste, au galop
    Par monts et vaux reprend sa course.

Les enfants consternés repartent. En chemin
Près d'eux encor paraît le bon vieux pèlerin :
    « En moi, prenez donc confiance ! »
—« Oh ! nous serons tancés, battus. »—« Non, chers petits,
Tout se passera bien ; mais, comme des souris,
    Voyez, écoutez en silence. »

« Celui qui vous conseille, ici de tout son cœur,
A rendre les enfants heureux met son bonheur.
    C'est le fidèle Eckard. On l'aime ;
Il aime le premier. Sans doute on vous parla,
Des bienfaits qu'il répand en secret. Le voilà !
    L'homme aux surprises, c'est moi-même. »

Nos enfants de retour, parents étant peu doux,
N'attendaient rien pourtant qu'une grêle de coups,
    Ou la semonce à pleine averse.
Mais non; bière goûtée, on y regoûte encor,
Puis on boit, on reboit du nectar au flot d'or;
    Sans fin la cruche verse et verse.

Le lendemain visite aux cruches. Même flot.
Miracle. Du miracle on veut avoir le mot.
    Rumeurs, questions, bruit de ruches.
Nos souris en dessous souriaient clignotant.
On les voit, on les presse, ils parlent. A l'instant
    La bière a tari dans les cruches.

Enfants, quand un ancien vous donne un bon avis,
Que ponctuellement ses conseils soient suivis;
    Obéissez à qui vous aime.
Le silence parfois coûte quelques efforts,
Mais jaser nuit toujours. Sachez vous taire : — alors
    La cruche s'emplit d'elle-même.

    De l'allemand.   GŒTHE.

XXI

LA REINE ÉLISE

Plume en main,
Le cœur plein
D'espoir et d'alarmes,
Elle écrit
Et sourit,
Et verse des larmes.

En prison
Sans raison,
A Prague, Hunyade,

Souffre et vit ;
Elle écrit
A ce fils malade.

« Sois sans peur,
Plein d'honneur,
Mon enfant, espère.
Dans tes bras,
Tu verras
Avant peu, ta mère.

« Ta rançon,
A l'arçon
De nos chevaux, traîne ;
Avant peu,
Plaise à Dieu,
Tombera ta chaîne.

« Des méchants
Triomphants,
Nous vaincrons l'envie ;
Désormais,
Sois en paix,
Roi Mathias, ma vie. »

— « Qui par là
« Portera
« A Corvin, ma lettre ?
« Sans témoin,
« Avec soin,
« Il faut la remettre. »

Son doigt met
Noir cachet,
Au pli qu'elle signe ;
Serviteurs
Et seigneurs,
N'attendent qu'un signe.

— « A qui, vif,
« Au captif
« Porte ma nouvelle,
« Tout cet or,
« Puis encor
« Le coursier qu'on selle. »

— « Je veux, moi,
« Voir le roi ;
« Il faut sept journées ! »

— « O douleur !
« Pour mon cœur
« Ce sont sept années ! »

— « En trois jours
« Moi j'y cours,
« Reine, sois contente.
— « O douleur !
« Pour mon cœur
« C'est trois mois d'attente !

« Pourquoi Dieu
« A mon vœu
« Refuse-t-il l'aile ?
« Mieux qu'un trait,
« Volerait
« L'ardeur maternelle. »

Mais, en haut,
Un corbeau
Plane, l'aile fière ;
Un autre est
En portrait
Peint sur la bannière.

Comme un plomb
L'oiseau prompt,
Fondant du nuage,
A son bec
Court et sec
A pris le message.

« Quel malheur!
« Du voleur
« Abattez la tête! »
Coups de feu
Dans le bleu;
On manque la bête.

Cent oiseaux,
Grands et beaux,
Tombent. La mort frappe.
Mais le bon,
Le fripon
Seul aux coups échappe.

Jusqu'au soir,
Sans espoir
On poursuit le titre.

Dans la nuit,
Petit bruit
Fait tinter la vitre.

« Noir corbeau,
« Mon bourreau
« Oses-tu paraître ? »
Mais au bec
Court et sec
Pendait une lettre.

Fin cachet,
Pli coquet,
Cire rouge et pure ;
« O bonheur,
« Sur mon cœur,
« Viens, chère écriture. »

Du hongrois. ARANY.

XXII

LES ENCHAINÉS

—

D'un vol audacieux nous montions au nuage,
   Toi comme moi ;
Et nous voilà tous deux tombés en esclavage,
   Moi comme toi ;
Mon cœur est ta prison et ton cœur est ma geôle ;
Séparés bien qu'unis, nous vivons, l'âme folle,
   Toi comme moi ;
Ma force fut ton lâcs, tes yeux furent ma perte,

Ainsi, poissons captifs, nous battons l'onde verte,
Toi près de moi,
Ou plutôt, dans les airs, par l'amour enchaînées,
Sur quatre ailes d'oiseaux planent nos destinées,
Moi près de toi.

De l'allemand. BODENSTEDT.

XXIII

LA RECHERCHE EN MARIAGE

Forêt de malheur! bois que l'on déteste!
Dans ton ombre verte on voit un rocher,
Un rocher lugubre, et sur ce rocher
Mouïo, déplorant son destin funeste.

« Voici bien neuf jours, neuf immenses jours,
Dit l'infortuné, qu'après mille tours
J'ai de ma Lissa, mon unique joie,
Demandé la main. La mère dit non.

Je porte à la mère un rouleau de soie :
La mère dit oui ; le père dit non.
Au père, je fais accepter deux châles :
Le père dit oui, mais les frères non.
Aux frères je fais présent de cavales :
Les frères ont dit oui, mais les sœurs non.
Aux sœurs j'ai glissé des bracelets d'ambre.
Elles ont dit oui, la parenté non.
A chaque parent alors je fais don
De guêtres en cuir, de mules de chambre :
Tous m'ont dit oui, mais... Lissa m'a dit non ! »

Bien fait ! et qu'ainsi soit reçu tout drille
Qui, sans prier Dieu, maladroit garçon,
S'en va demander la main d'une fille
A tous les endroits, hormis au seul bon.

Du serbe. *Chant populaire.*

XXIV

RANZ SUISSE

Sur les coteaux
  Tranquilles,
Vu les agiles
  Oiseaux :
Ils chantent, volent
Et caracolent,
Puis ont bâti
  Leur nid.

Dans le bois, plein
  D'herbettes,
Vu des avettes
  L'essaim :

L'essaim foisonne,
Vibre et bourdonne,
Fait bien et bel
Son miel.

Frais tourbillon
Qui brille,
Vu la famille
Du papillon :
Sur lis et rose,
Va, vient, se pose
L'aile aux mutins
Lutins.

Vient mon ami
Que j'aime,
Son cœur aussi
Essaime.
Et, comme eux tous,
Ivres et doux,
Nous sommes fous
De même.

De l'allemand. (*Dialecte suisse.*)   GŒTHE.

XXV

LA RÉPUDIÉE

Que voit-on de blanc sur la forêt verte?
Est-ce de la neige ou des cygnes? Point.
La neige, il fait chaud, aurait fondu, certe;
Les cygnes auraient bougé sur un point.
Ce n'est pas la neige, encor moins des cygnes :
De Hassan Aga c'est le campement.
Hassan est blessé dangereusement.
Sa mère et sa sœur, en dames très-dignes,

Entourent son lit. A l'épouse, hélas,
La pudeur défend ici d'apparaître;
Aussi, près d'Hassan, sa femme n'est pas.

Quand de sa blessure est guéri le maître,
Sa main rude écrit ces mots foudroyants :
« A femme sans cœur je n'ai plus de joie,
« Pars ! et que jamais on ne te revoie
« Ni dans ma maison, ni vers tes enfants. »

L'épouse au cœur pur que ce mot renvoie,
Blanche comme un marbre, a perdu le sens.
Le fer d'un cheval au lointain résonne;
L'épouse au cœur fier, dont le sang bouillonne
Et monte au cerveau, s'élance, à la tour,
Pour trouver la mort, la mort qui la tente,
Sur le froid pavé de la grande cour.
« Reviens, bonne mère, et sans épouvante,
« Va, ce n'est pas lui, c'est l'oncle, le bey,
« C'est Pintorovitch. » Et la pauvre mère,
Dont l'élan terrible est déjà tombé,
Se jette en pleurant au cou de son frère :
« Frère, il m'a chassée, et je n'ai que toi.
« A mes cinq enfants il m'arrache !... moi ! »

De sa veste alors, le bey, sans rien dire,
Tire un blanc vélin, le montre et soupire.
C'est bien le divorce : il lui faut demain
Du toit maternel revoir le chemin,
Et d'un autre époux attendre la main.

La répudiée a touché la feuille,
Ouï sa sentence et lu son affront.
Elle baise alors ses deux fils au front,
Sur la joue en fleur de ses filles, cueille
Encore un baiser ; mais quand au berceau
Elle vient, ses pleurs coulent à ruisseau.
Par la main, son frère, hélas ! doit la prendre.
La mère navrée a peine à se rendre,
Elle cède enfin ; et, le cœur tremblant,
Part avec le bey sur le coursier blanc.

Elle est quelques jours auprès de sa mère ;
Mais par sa noblesse et par sa beauté
Miltine à plusieurs devait encor plaire ;
On voudrait sa main de plus d'un côté.
D'Imochk le cadi, pour lui la réclame.
« Frère, écoute-moi, frère, sur ton âme,
« Ne fais, pour ta sœur, choix d'aucun mari.

« Ma vie est brisée et mon cœur flétri ;
« Rien qu'en revoyant mon autre demeure
« Et mes orphelins, je mourrais sur l'heure. »

Mais le frère est dur, et sourd à ses cris ;
Le cadi d'Imochk pour beau-frère est pris.
La pauvre Miltine à son frère encore
S'adresse une fois : « Prends ce blanc feuillet,
« Puis au grand cadi que ta sœur honore
« Ecris de ma part ces mots, s'il te plaît :
« Grand cadi, salut ! à la jeune femme
« Lorsqu'en ta maison tu la conduiras,
« Avec tes amis lorsque tu viendras,
« Pour couvrir son front, cependant sans blâme,
« Veuille lui donner long voile de lin,
« Qu'en passant la cour, dont elle fut dame,
« Son regard ne voie aucun orphelin. »

Le cadi consent. La troupe priée
Des amis de noce et des cavaliers
A grand bruit vient prendre à ses escaliers
Le cortége blanc de la mariée.
Ils viennent joyeux, repartent contents.

Mais, lorsque d'Hassan la cour on dépasse,
Les deux sœurs avaient au balcon pris place ;
Du seuil, les deux fils disent : « Mère, attends !
« Reviens avec nous, ô mère chérie,
« Reviens partager le pain des enfants. »
Et Miltine alors.: « Doyen, je te prie,
« Doyen du cortége, encor deux instants.
« Sois mon frère en Dieu, car mon âme crie.
« Laisse faire halte à tes bons chevaux ;
« Pour mes orphelins j'ai là des cadeaux. »

Et les bons chevaux font halte à la porte
Et la mère a fait dons de toute sorte :
Aux filles du lin, guêtres à ses fils
(Or la toile était d'une fine trame,
Aux guêtres de cuir l'or faisait lacis),
Puis au dernier-né, l'enfant de son âme,
Une veste en soie aux galons de prix.

Mais Hassan Aga, le dur capitaine,
Rappelant alors de loin ses deux fils :
« Revenez à moi, mes pauvres petits ;
« De la supplier ce n'est pas la peine,
« Son cœur est de pierre, et je vous le dis. »

Ces mots ont tué la mère et la femme,
Sa vie et son cœur, hélas! sont trop pleins.
Glacée, elle tombe, elle a rendu l'âme
Aux yeux consternés de ses orphelins.

Du serbe. *Chant populaire.*

XXVI

LE DIMANCHE DU BERGER

Ce jour est le jour du Seigneur !
D'en bas, remonte à mon alpage
Le chant des cloches et mon cœur,
Dans cette paix immense, nage.

Tout seul, à genoux, dans ma foi,
Je sens, j'entends, douceur unique,
D'un chœur invisible, avec moi,
S'élever à Dieu le cantique.

Le ciel est vaste et pourtant près ;
A voir son azur et sa flamme,
Il va révéler ses secrets.....
C'est le jour du Seigneur, mon âme !

De l'allemand. Uhland.

XXVII

LE RETOUR

Le bâton à la main, après six ans d'absence,
Un voyageur revient au lieu de sa naissance.

Front mâle, teint brûlé, sac au dos, pieds poudreux,
Par qui sera d'abord embrassé l'homme heureux ?

Il entre dans le bourg, par la porte charrière,
Et voit le douanier penché sur la barrière.

Le douanier et lui, grands amis autrefois,
Au cabaret du coin trinquèrent mille fois.

Pourtant — mais du soleil c'est la faute peut-être —
Le publicain n'a pas l'air de le reconnaître.

Le voyageur surpris, passe. Un coup de mouchoir
Du chapeau, des souliers, la poussière a fait choir.

Et juste à la fenêtre, il voit paraître celle
Qu'il courtisait jadis : « Bonjour, riante belle ! »

Pourtant — mais c'est sa faute, il a changé là-bas —
Cette beauté non plus ne le reconnaît pas.

Il passe ; il a franchi la longue rue entière ;
Des larmes ont mouillé le bord de sa paupière.

Sa mère, du moûtier vient après l'angelus :
« Dieu vous garde ! » dit-il, et pas un mot de plus.

Mais voici ; d'un seul bond, la femme à lui s'élance :
« Mon fils ! » et sur son cœur, elle pleure en silence.

Bronzé, brûlé, changé, le fils est revenu :
Pourtant l'œil maternel, du coup, l'a reconnu.

De l'allemand. NÉPOMUK VOGEL.

XXVIII

LA CLOCHE QUI MARCHE

Un gars vif, non des plus méchants,
    Mais d'humeur inquiète,
Prenait chaque dimanche aux champs
    La poudre d'escampette.

« Mon fils, quand la cloche a sonné,
    « Au temple il faut se rendre,
« Sinon, la cloche, enfant mal né,
    « Pourrait venir te prendre. »

Bon ! se dit le gars, à son clou
    La cloche est bien pendue ;
Il prend ses jambes à son cou,
    On l'a perdu de vue.

Mais qu'a donc la cloche aujourd'hui
    Qu'elle se tait ? Il trotte.
O terreur ! bientôt après lui,
    Quelque chose cahote.

La cloche à pied, trottin trottant,
    Le suivait. Sa grand'bouche
S'entr'ouvre. Le gars palpitant
    Fuit, éperdu, farouche.

A travers champ, haie et fossé,
    Tant sa peur a de zèle,
Le coupable s'est élancé
    Tout droit vers la chapelle.

Depuis, on put voir le garçon
    Décemment, sans reproche,
Venir de lui-même au sermon,
    Au premier coup de cloche.

De l'allemand.   GŒTHE.

XXIX

LES TROIS OISEAUX

L'ENFANT

Ma mère, quel est cet oiseau ?

LA MÈRE.

Mon fils, c'est l'alouette.
Avant que le jeune soleil
Envoie un sourire vermeil
Aux vertes forêts, elle est prête,
Et d'un élan quitte son nid.

Sur sa plume encor la rosée
Scintille; elle monte, et bercée
Et palpitante, elle bénit
Ce monde joyeux, infini,
Cent fois plus beau qu'une épousée.
Cet oiseau, fils, beaucoup m'apprit :
Des chansons de ton aube en fête
Offre l'hommage au Grand Esprit,
   Ainsi que l'alouette.

L'ENFANT.

Ma mère, quel est cet oiseau !

LA MÈRE.

Mon fils, c'est la colombe.
Entends gémir sa douce voix;
A sa plainte, on dirait parfois
Une veuve près d'une tombe.
C'est qu'elle attend son bien-aimé.
Comme le bruit de l'onde pure
Que réveille un rayon de mai,
S'enfuit sous le bois embaumé,
Son frais roucoulement murmure
Le long des nuits, le long des jours.

Il renaît, soupire et retombe.
Dans tes amitiés, tes amours,
Mon fils, sois fidèle toujours
 Ainsi que la colombe.

L'ENFANT.

Ma mère, quel est cet oiseau?

LA MÈRE.

Mon cher enfant, c'est l'aigle
Qui d'un coup d'aile fend l'azur.
Roi des airs, orgueilleux et sûr,
Dans le ciel, il plane sans règle.
En sa fierté, bravant l'éclair,
Sur le soleil, son regard clair
Se fixe. Il cherche la tempête.
Et rapide comme le vent,
Comme le vent que rien n'arrête,
Son vaste essor va s'élevant.
Au sortir de ton âge espiègle,
De bien haut regardant le sol,
Que ton cœur d'homme ait le grand vol,
 Le vol puissant de l'aigle.

Chant de Peaux-Rouges.

XXX

PRESSENTIMENT

Quelque part, un jeune sapin
  Dans le bois pousse;
Un rosier, dans quelque jardin,
  Croît sur la mousse.
Le sais-tu, ce vert arbrisseau,
  Ces roses blanches,
Doivent décorer le tombeau
  Où tu te penches.

Vois bondir ces deux poulains noirs
  Dans l'herbe tendre ;
A la ville, un de ces beaux soirs,
  Ils vont se rendre.
C'est peut-être eux, chevaux de deuil,
  Lente crinière,
Eux qui traîneront ton cercueil
  Au cimetière,
Avant qu'usé soit sous leurs pas
  Qui peut le dire ?
Le fer qu'à leurs sabots, là-bas,
  Tu vois reluire.

De l'allemand.   Mœrike.

XXXI

LE PÊCHEUR

L'eau murmure, l'onde gazouille ;
 Au bord est un pêcheur.
Sa ligne flotte et dans l'eau fouille ;
 Le frais lui monte au cœur.
Calme il attend, paisible il rêve ;
 Soudain, du flot qui dort
Le miroir ondule et s'élève ;
 Des mers, la nymphe sort.

Et sa voix chante, et sa voix cause :
 « Que t'ont fait mes petits,
« Homme cruel, songeur morose,
 « Pour me les tuer, dis ?

« Si tu savais comme heureux nage
    « Le poisson, sous mes eaux,
« Tu t'y jetterais, je le gage,
    « Pour oublier tes maux.

« La lune et le soleil, dans l'onde,
    « Viennent se rafraîchir,
« Et, tout rajeunis, sur le monde
    « On les voit revenir.
« Le ciel profond et sans nuage
    « Dans mes flots est plus pur;
« Vois, sur la vague, ton image
    « Plus belle en mon azur. »

L'onde gazouille, l'eau murmure
    Et cherche son pied nu.
Le cœur lui bat, bat sans mesure,
    Plein d'un trouble inconnu.
Et la voix parle, et la voix chante
    Sa complainte d'amour;
Elle l'attire, elle le tente. . . . .
    Il plonge sans retour.

De l'allemand.   Gœthe.

XXXII

LA BATAILLE NAVALE

Le roi Christiern, sous le grand mât,
  Frappe sans trêve;
Et sur le pont des Goths, s'abat
La grêle affreuse du combat.
Des Goths est tombé le grand mât.
  Leur cri s'élève :
« Sauve qui peut, pour cette fois!
« Comment braver du roi danois
  « Le glaive? »

Nils Youl a donné le signal
  De l'abordage :
« Hissez le pavillon royal! »
Des canons le rire infernal
Fait danser le terrible bal,
  Bal du carnage.
« Enfer! fuyons pour cette fois!
« Qui peut braver d'Youl le Danois,
  « La rage? »

Sous les boulets, ô mer du Nord,
  Chaude de poudre,
Sombrent les vaisseaux de haut bord ;
Cris de fureur, suprême effort,
D'une haine qui dans la mort
  Va se dissoudre.
De Tordenskiold, au ciel rougi,
— Arrêt sans appel — a rugi
  La foudre.

Des Danois, le sentier d'honneur,
  C'est le flot sombre.
Prends pour ami l'homme de cœur,
Loyal, indomptable et sans peur

Qui ne tient point, en sa valeur,
  Compte du nombre;
Et méritons, bravant le sort,
La couche, où glorieux, l'on dort
  A l'ombre.

Du danois. *Chant populaire.*

XXXIII

HEIDELBERG

Vieille Heidelberg, qui n'aime
Te voir en ton écrin,
Aimable diadème
Du Neckar et du Rhin?

La science profonde,
Chez toi, rit au vin vieux;
Le frais cristal de l'onde
Reflète des yeux bleus.

Quand mai, de son haleine,
Rend aux monts leurs couleurs,
Il tisse pour toi, reine,
Un long voile de fleurs.

Ton château rivalise
Avec ceux de l'éther;
Comme un nom de promise,
Ton nom au cœur est cher.

Que l'ennui m'enveloppe,
Pour fuir ses noirs réseaux,
Je selle et je galope,
Neckar, près de tes eaux.

De l'allemand. SCHEFFEL.

XXXIV

LA FILLE DE L'HOTESSE

Trois étudiants, passant par le Rhin,
Chez la brave hôtesse entrent en chemin.

« Servez-nous, hôtesse, et bière et bon vin...
« Où se cache donc la perle du Rhin?

— « Mon vin étincelle et ma bière est d'or,
« Mais du grand sommeil ma Thérèse dort. »

Ils ont visité la chambre de deuil :
Thérèse dormait dans son noir cercueil.

Le premier, levant le voile pieux,
Contemple ses traits, des pleurs dans les yeux :

« Belle aux yeux fermés, si tu respirais,
« Dès cette minute, ah ! je t'aimerais. »

Le second remet le voile flottant,
Détourne la tête et dit sanglotant :

« Ravie en ta fleur, perdue à jamais !
« Moi qui dès longtemps en secret t'aimais ! »

Le troisième, ôtant le voile léger,
Sur la bouche pâle imprime un baiser :

« Je t'aimai toujours, je t'aime à présent,
« Et je veux t'aimer éternellement. »

De l'allemand. UHLAND.

XXXV

LA CITERNE

PARABOLE

Un Syrien, vers Kharazmo,
A pied conduisait un chameau.
La bête, qu'un mot guide et touche,
Par malhasard devient farouche,
Se cabre et montre un œil si blanc,
Que son maître s'enfuit tremblant.
Un puits est dans le voisinage,

Mais l'animal est plein de rage.
Le chamelier, perdant l'esprit,
Sent le souffle qui le poursuit
Et dans la citerne s'élance.
De l'entonnoir aux flancs obscurs,
La ronce tapissait les murs,
Et l'homme, accroché, s'y balance.
Aux branches qu'il a pu saisir
Il se cramponne; et de gémir.
Qu'aperçoit-il en haut ? La bête,
Dent féroce, allongeant la tête
Pour le happer par le turban.
Et que voit-il en bas ? Misère !
Un monstre à gueule horrible et fière
Dont le rictus béant espère
Voir bientôt le pendu tombant.
Est-ce tout ? Non. Le pauvre hère
Qui déjà n'ose plus bouger
Découvre un troisième danger.
La ronce a de faibles racines,
Hélas ! et deux souris voisines,
Le nez en l'air se laissent voir.
L'une a manteau blanc, l'autre noir.
Et chacune à son tour grignote,

Et ronge et lime et sape et frotte.
Grain à grain tombe le terreau
Sur l'hydre affamée et, vers l'eau,
Le buisson déraciné penche :
Affreux périls de toutes parts !
Lui, cheveux dressés, lèvre blanche,
Ne sait où jeter les regards.
Plus d'espoir. Mais, sur une branche
De l'arbuste qui tremble aux yeux,
Des mûres, fruits délicieux,
Brunissent. Devant ces merveilles
Promettant douceurs non-pareilles,
Alléché, notre homme anxieux,
Se calme et songe à gourmandise.
Et le redoutable chameau,
Et le cruel dragon de l'eau,
Et les souris au fin museau
S'effacent pour sa convoitise.
Laissant le chameau tenailler,
Laissant la grand'gueule bâiller,
Laissant les souris limailler,
Il porte la main sur les baies.
Et les mûres ayant bon goût,
Il y revient, il mange tout,

Et s'égaye, oubliant du coup
Ses terreurs qui furent si vraies.

Mais quel est cet homme à lier,
Dis-tu, quel est ce chamelier
Qu'un rien distrait, qu'un rien console?
— Je connais cet homme frivole,
C'est toi. — Mais pas du tout. — Mais si.
— Mais non.— Mais oui.— Comment?—Voici :
Quel est donc ce chameau farouche
Qui maltraite son conducteur,
Sinon la vie? Et le croqueur,
Le monstre dont la vaste bouche
Nous attend tous, juste ou pécheur,
Quel est-il donc, sinon la tombe?
Et ce réseau du buisson vert,
Voilant à l'homme qui succombe,
De la mort, l'abîme entr'ouvert,
Qu'est-il, si ce n'est la Nature?
Et le couple des deux souris,
Usant tes fragiles appuis
De leur incessante morsure,
N'est-ce pas la nuit et le jour?
Et cette baie appétissante,

Qui leurre, attire, enivre et tente,
Tu peux la nommer à ton tour,
Toi, qu'on voit, âme insouciante,
Cueillir le même fruit, au seuil
Du gouffre, ton futur cercueil?

De l'allemand. RÜCKERT.

XXXVI

LE PUNCH

Quatre éléments en harmonie
Forment et le monde et la vie.

Pressez le cœur du *citron* d'or;
La vie est plus acide encor.

Par le *sucre*, douceur fondante,
Tempérez la saveur mordante.

A flots bouillants épanchez l'*eau;*
L'eau fait du globe le manteau.

Versez l'*esprit,* liqueur vermeille ;
La vie à son ardeur s'éveille.

Parfum exquis! tôt, servez tôt!
Le plus frais punch, c'est le plus chaud.

De l'allemand. SCHILLER.

XXXVII

LÉNORE

D'un songe affreux, à l'aube, sort
    Lénore la vaillante :
« Wilhelm est infidèle ou mort,
    « Insupportable attente ! »
Soudard de Fritz, le roi madré,
Wilhelm, sous Prague, avait sabré;
    Mais du dragon, la belle
    N'avait plus de nouvelle.

Thérèse et Frédéric, là-bas,
    Aux haines faisant trêve,
Avaient, arrêtant les combats,
    Mis au fourreau le glaive.
Les soldats fêtant le retour,
Aux sons du fifre et du tambour,
    Le front ceint de feuillages,
    Rentraient dans leurs villages.

Sur les sentiers, sur les chemins,
    Grand'foule, une seule âme !
Jeunes et vieux tendent les mains
    Aux guerriers, qu'on acclame.
Déjà, chacun d'eux, sur son cœur,
A pressé mère, femme ou sœur;
    Pour toi, pauvre Lénore,
    Point de baisers encore.

Ses yeux cherchent Wilhelm. Courant,
    A peine elle respire;
Elle interroge à chaque rang;
    Nul ne sait rien lui dire.
Ils ont passé..... Moment affreux !
Elle s'arrache les cheveux,

Se tord dans la poussière,
Et maudit la lumière.

Sa mère accourt et dans ses bras
La relève et la serre :
« Dieu de bonté, n'écoute pas
 « Cette enfant téméraire ! »
— « Mère, mère, je te le dis
« Le monde et moi sommes maudits,
 « Ton Dieu n'est pas un père,
 « C'est un Dieu de colère. »

— « Dieu saint, Dieu bon, ferme les yeux.
 « Enfant, c'est un blasphème !
« Dieu sait çe qu'il fait. Parle mieux.
 « Prions, car il nous aime. »
— « Mère, ton espoir est trompeur,
« Ton Dieu m'a déchiré le cœur ;
 « A quoi sert la prière ?
 « Je n'en veux plus, ma mère. »

— « Enfant, il rend au cœur la paix,
 « Quand le malheur le froisse.

« Le très-saint sacrement, jamais
 « Ne trompa notre angoisse. »
— « Quel sacrement pourrait calmer
« Le cœur qui sait vraiment aimer?
 « Est-ce qu'il rend la vie
 « Alors qu'elle est ravie? »

— « Mais si ton Wilhelm, lâchement
 « Avait en Bohémie
« Oublié son premier serment
 « Et pris une autre amie?
« S'il trahit, que sa trahison
« Du moins te rende la raison ;
 « Va, quitte cet infâme,
 « Et qu'il perde son âme!

— « Alors, mère, plus ne m'est rien!
 « Horrible destinée !
« La mort, la mort est mon seul bien,
 « Oh! pourquoi suis-je née?
« Dans la nuit, le deuil et l'effroi,
« Flambeau de ma vie, éteins-toi !
 « Non, Dieu n'est pas un père,
 « C'est un Dieu de colère! »

— « Seigneur, mon Dieu, ne juge pas
 « Cette enfant, elle est folle.
« Retiens ses mains, garde ses pas,
 « Pardonne à sa parole.
« Ma fille, en ce destin cruel,
« Pense à ton salut éternel.
 « L'époux divin, le maître
 « Te veut pour lui, peut-être.

— « Sans Wilhelm, point de Paradis!
 « Avec l'homme que j'aime,
« J'irais au séjour des maudits
 « Plus vite qu'au ciel même.
« Dans le deuil, la nuit et l'effroi,
« Flambeau de ma vie, éteins-toi!
 « Sans lui, je ne puis être
 « Et ne veux pas renaître. »

Ainsi, contestant avec Dieu,
 Son désespoir farouche
Eclate en reproches de feu,
 Rien ne l'effraye ou touche.
Tordant ses bras, mordant sa main,
La folle se frappait le sein;

Jusqu'à la nuit épaisse
Sanglote sa détresse.

Mais dans la nuit, mais dans la nuit
  Trapp ! trapp ! trapp ! ô merveille !
Un cavalier, à petit bruit
  Vient. Elle ouvre l'oreille.
Le pas se rapproche. Elle entend
Soulever le marteau tintant,
  Puis, à travers la porte,
  Une voix basse et forte :

« Holà ! dors-tu dans ton lit blanc,
  « Ou veilles-tu, ma belle ?
« C'est moi, ton Wilhelm ; douce enfant,
  « Ton cœur m'est-il fidèle ? »
— « Toi, Wilhelm ; toi ! Je t'ai cru mort.
« Je veille. J'ai pleuré bien fort.
  « Mais si tard, à cette heure,
  « Pourquoi ? je ris et pleure. »

— « C'est vers minuit que nous sellons,
  « J'arrive de Bohême,

« Et viens t'enlever. Vite, allons,
 « Ma brune, toi que j'aime.
— « Ah! mon Wilhelm, entre d'abord;
« J'entends souffler le vent du nord;
 « Dans mes bras, à ma flamme,
 « Réchauffe-toi, mon âme! »

— « Laisse bruire l'aquilon ;
 « Qu'importe sa crécelle?
« Mon cheval piaffe ; l'éperon
 « Brûle. Allons, femme, en selle!
« Leste, pour les noces, vêts-toi ;
« Vite en croupe derrière moi!
 « Avant minuit, ma chère,
 « J'ai cent milles à faire. »

— « Cent milles pour le rendez-vous,
 « Avant minuit encore?
« A l'instant frappaient onze coups
 « A l'horloge sonore. »
— « Bah! la lune brille au ciel clair,
« Les morts volent comme l'éclair.
 « Par la barbe du pape,
 « Nous franchirons l'étape! »

— « Wilhelm, a-t-on fait les apprêts ?
« Comment sont nos chambrettes? »
— « Loin, loin d'ici ; petit lit frais,
« Six planches, deux planchettes. »
— « Grand pour deux ? » Oui, pour toi, pour moi.
« Allons, en croupe élance-toi !
« La noce attend sans faute,
« Ta chambre veut son hôte. »

Lénore est prête en un moment.
En croupe, elle a pris place ;
Faisant ceinture à son amant,
Son bras souple l'enlace.
Et le coursier noir, hopp ! hopp ! hopp !
Des quatre pieds part au galop.
Sous les fers qu'ils harcèlent
Les cailloux étincellent.

A droite, à gauche, les maisons,
Les champs et la bruyère
Paraissent fuir, et les grands ponts
Sonnent comme un tonnerre.
« Aurais-tu peur ? le ciel est clair.
« Hurrah ! les morts valent l'éclair.

« Crains-tu les morts, ma belle ? »
— « Laissons les morts » dit-elle.

Là-bas, voltigent des corbeaux ;
    Quelque chose remue ;
Entre de lugubres flambeaux
    Quelle forme inconnue
Surgit ? Un cortége de deuil
Chemine, en suivant un cercueil ;
    Et, dans les prés, serpente
    La cantilène lente.

« Noirs fossoyeurs, jusqu'à minuit
    « Laissez vides les fosses.
« Voyez un galant qui conduit
    « Sa promise à ses noces.
« A l'ordre, ici les calotins !
« Tôt, braillez-vous les mots latins !
    « Fais ta grimace, prêtre,
    « Bénis l'hymen du reître ! »

Ils passent, et du sacristain,
    A travers la campagne,

Le chant nasillard et lointain
 Longtemps les accompagne.
Et toujours plus vite, hopp! hopp! hopp!
Retentit le triple galop,
 Sous les fers qu'ils harcèlent
 Les cailloux étincellent.

A gauche, à droite, bois et monts,
 Hameaux, villes, bourgades
Tournent. Leur course de démons
 Redouble les saccades.
« Aurais-tu peur? le ciel est clair.
« Les morts volent comme l'éclair.
 « Crains-tu les morts, ma belle? »
 — « Laissons les morts, » dit-elle.

Est-ce un pendu qu'on voit là-haut
 Et qui dans l'air se joue?
Non, de près on dirait plutôt
 Un roué sur sa roue.
« Joyeux convives accroupis,
« Du repas quittez le tapis,
 « Dansez, bande féroce,
 « Dansez donc à ma noce. »

Et les goules et les hiboux,
    Délaissant les chairs fraîches,
Volent, tourbillons noirs et roux,
    Comme des feuilles sèches.
Et toujours plus prompt, hopp! hopp! hopp!
Bondit le satané galop.
    Sous les fers qu'ils harcèlent
    Les cailloux étincellent.

Pour leur élan vertigineux
    S'enroulent dans des voiles
Sur eux, autour d'eux, derrière eux
    Le ciel et les étoiles.
« Aurais-tu peur? le ciel est clair,
« Les morts volent comme l'éclair,
    « Crains-tu les morts, ma belle? »
    — « Laissons les morts, » dit-elle.

— « Rapp! Rapp! est-ce un coq au lointain?
    « Mon sablier s'épuise.
« Rapp! est-ce le vent du matin?
    Rapp! devançons la brise!
« Bien galopé, brave cheval;
» Tout près est mon lit nuptial.

« Les morts, les morts vont vite,
« Nous atteignons le gîte. »

Sur un portail grillé de fer
    Ils foncent, bride haute.
La cravache siffle dans l'air,
    Le verrou craque et saute,
Devant le coursier bondissant
La porte recule en grinçant.
    La sinistre lumière
    Fait voir un cimetière.

Minuit ! — Soudain, du cavalier
    Pièce à pièce s'arrache
Colback, corselet, baudrier ;
    Puis la chair se détache.
Horreur ! le crâne est vide et nu,
Le corps, squelette est devenu :
    C'est l'affreuse camarde
    Qui, faux en main, regarde.

Jetant du feu par les naseaux,
    Rapp se dresse et se cabre,

Il a, parmi les froids tombeaux,
    Sombré, cheval macabre.
Des hurlements tombent des airs,
Des clameurs montent des enfers ;
    Cheveux dressés, Lénore
    Seule respire encore.

Autour d'elle, mornes, glacés,
    Blancheurs dans les ténèbres,
Tourbillonnent les trépassés,
    Chantant leurs chants funèbres :
« Femme rebelle, cœur de feu,
« Malheur à qui lutte avec Dieu !
    « La fosse te réclame,
    « Que le ciel ait ton âme ! »

De l'allemand.   BÜRGER.

XXXVIII

NUIT DE LUNE

De tes clartés tu remplis
    Vallon, bois et plaine,
Et mon âme, au sein des nuits,
    Redevient sereine.

Astre pur, dans mon tourment,
    Ta flamme adoucie,
Me semble un regard aimant
    Penché sur ma vie.

Mais l'écho de mille voix,
En ma solitude,
Rend à mon cœur d'autrefois
Son inquiétude.

Gai ruisseau, poursuis ton cours !
Tu vis mon ivresse :
Jeux, plaisirs, serments, amours,
Plus rien..... ô détresse !

Pourquoi faut-il voir finir
Ces douces chimères
Qui laissent au souvenir
Des marques amères ?

Coule, coule, cher ruisseau ;
Chante à mon oreille.
Au gazouillement de l'eau,
Ma lyre s'éveille.

Tu m'inspires, que l'hiver
Enfle ton écume,
Ou qu'Avril, tiédissant l'air,
De fleurs te parfume ;

Et je comprends la douceur,
La douceur profonde
De presser contre son cœur,
A l'abri du monde,

Un ami fidèle et sûr
Pour qui, joie austère,
L'âme, nageant dans l'azur,
N'ait plus de mystère.

De l'allemand. GŒTHE.

XXXIX

LE SOIR D'UN JOUR DE FÊTE

Sans brise, claire et tiède est la nuit. Sur la plaine,
Sur les toits, les jardins, les coteaux et les monts,
    De l'azur blonde souveraine,
    La lune épanche ses rayons.
    Déjà tout sentier fait silence
Et la lampe nocturne aux fenêtres s'éteint.
Toi que j'aime, tu vas dormir jusqu'au matin
Dans la chambre où la paix berce ton indolence;
Dormir! et du passé nul aiguillon présent
Ne te fait un remords de mon chagrin cuisant.

Et moi que la douleur pénètre,
Pâle et faible et souffrant, je viens à ma fenêtre
Saluer la nature éternelle et sans cœur.
Puissance qu'on croit bonne et protectrice et tendre,
Tu m'as dit : « Pas d'espoir ! je ne veux rien entendre,
« Rien ne fera briller tes yeux que la douleur ! »

Ainsi ce jour fut beau. Dans le sommeil il plonge
  Ton cœur, qu'il a vu palpitant,
  Et tu revois sans doute en songe
Tous ces adorateurs qui plurent : ils sont tant.
Pour moi, nulle pensée, oh ! je le sais, pas une !
Et j'éclate en transports, en sanglots, en cris sourds,
Me roulant sur le sol..... ne le dis pas, ô lune !
Combien me faudra-t-il en vivre, de ces jours
  Affreux, quand on est encor jeune ?

Et j'entends, sur le tard, chanter en son chemin
L'artisan qui, sorti pour une fois du jeûne,
  Et sans souci du lendemain,
  Regagne son humble demeure.
  Je suis seul à compter minuit.
O misère ! ici-bas, tout nous quitte et s'enfuit ;
Et rien ne survit, rien. Au jour de fête, à l'heure

De l'allégresse, on voit succéder les jours gris.
Par le temps, par la mort, ce qui fut nous, est pris.
Des hommes disparus, des glorieux ancêtres,
  De ces Romains dont la grandeur
  Remplit de sa vaste splendeur
La terre et l'Océan qu'ils régissaient en maîtres,
  Que reste-t-il? Un bruit confus;
Le monde marche, et d'eux ne s'inquiète plus.
  Dès mes premiers ans, lorsque l'âme
Pour un jour de plaisir d'ordinaire s'enflamme,
Ce jour n'était pas mort que j'en portais le deuil.
Et dans mes longues nuits, morne et sans fermer l'œil,
J'y songeais. Et déjà la simple chansonnette
Qui, d'échos en échos se jouant, semble fuir,
En jetant à mon lit sa note de fauvette,
Alors comme aujourd'hui, m'attristait à mourir.

De l'italien.   LÉOPARDI.

XL

LE VRAI BARBIER

« Puisqu'il me faut en philistin
   « Porter rase la joue,
« Que ma barbe, encor ce matin
   « Du moins, fasse la roue.
« D'humeur colère, ventrebleu !
« Faisons pour m'égayer un peu,
   « Trembler quelque maroufle !

« Hé ! fricasseur, à mon coursier,
   « Vite, un quartaut d'avoine !

« En outre il me faut un barbier ;
    « Cherche le plus idoine.
« Chien de pays ! pays de loups !
« Rien de passable en tous ces trous,
    « De bons raseurs, pas l'ombre.

« Avance et vois, gros barberot ;
    « Cent batz à qui me rase.
« Mais j'ai la peau tendre, maraud,
    « Et si, le ciel t'écrase !
« Tu m'égratignes tant soit peu,
« Tonnerre ! tu verras beau jeu ;
    « Tu connaîtras ma dague. »

Sur table, il la plante ; on peut voir
    L'acier pointu reluire.
Barbe et cheveux crépus, l'œil noir,
    Avec mauvais sourire,
En veste courte à gros galons,
S'assied alors l'homme aux jurons,
    Cavalier peu commode.

Le barbier a froid dans le dos ;
    Le rasoir il repasse,

Lorgne et la dague et le héros,
    Son cœur poltron se glace.
Pstt! par la porte s'éclipsant,
Il met, de peur d'un coup de sang,
    Son second à sa place.

« Crocs, favoris, mouche et collier,
    « Rase tout, mauviette;
« Mais gare au poignard, savonnier,
    « Si ma peau n'est pas nette! »
— « Diable, diable, fait le second,
« Foin des cent batz! » Il sort d'un bond;
    Son béjaune il envoie.

« Est-ce toi le bon, mon poulet?
    « Va pour ta patenôtre ;
« Voici l'argent et le stylet;
    « Peux gagner l'un ou l'autre.
« Mais tu sais, rase net et bien,
« Sinon, je le jure, vaurien,
    « La mort à qui m'écorche ! »

Cent batz, se pense le goret.
    Sont bons à prendre et ferme :

« Sus ! Dieu nous garde ! et, s'il vous plaît,
    « Ne bougez plus qu'un terme. »
Il savonne sans sourciller,
Puis rase tout, crocs et collier :
    « Monsieur, la barbe est faite. »

— « Bravo, gamin ! tiens, prends tes sous,
    « Vrai barbier des dimanches.
« Seul on va droit, seul entre tous
    « On trousse bien ses manches.
« On n'a pas un moment tremblé ;
« Pourtant, qu'une goutte eût coulé,
    « Tu tombais sous ma lame. »

— « Oh ! que non pas, beau cavalier,
    « Car la mienne est plus fine ;
« Je vous tenais par le gosier
    « Et, sur la moindre mine,
« Sans vous laisser le temps, ma foi,
« Paf ! car je suis résolu, moi,
    « Je vous coupais la gorge. »

— « Par cinq cents diables ! gars maudit,
    « La farce n'est pas bonne. »

Le rodomont alors pâlit
    Et, tout rêveur, frissonne :
« A ce coup, point n'avais pensé.
« Grâce à Dieu, tout s'est bien passé,
    « Mais je l'ai risqué belle. »

De l'allemand. CHAMISSO.

XLI

LA SIESTE

(CON EL VIENTO MURMURAN)

Le vent glisse en doux accords,
Glisse en la ramure,
Sous la feuille, je m'endors,
Mère, à ce murmure.

Et branche et zéphyr, en balancement
Me font un berceau. Dans ce bercement,
Mon cœur se recueille ;

Et le ciel entr'ouvre un dôme vermeil,
Comme en Paradis, me vient le sommeil,
    Mère, sous la feuille.

Mon âme qu'emporte un rêve enchanteur
Va de cime en cime, et de fleur en fleur,
    Félicité pure !

O songe béni, charmant oiseau bleu,
Doux consolateur, reste encor un peu,
    Mon cœur t'en conjure !

L'air, dans les rameaux, glisse en frais accords,
Il fait fuir mon rêve, et je me rendors,
    Mère, à son murmure.

De l'espagnol. *Chant populaire.*

XLII

LE BON CAMARADE

J'avais un camarade,
Le meilleur d'ici-bas.
Le tambour de bataille
Roulait. De même taille,
Nous marquions même pas.

Un boulet dans l'air passe.
Est-ce pour moi, pour toi ?

Lui, c'est lui qui succombe;
A mes côtés, il tombe,
Comme un lambeau de moi.

Vers moi, sa main mourante
Se tend; je faisais feu.
A bientôt, mon fidèle;
Dans la paix éternelle,
Va, camarade, adieu!

De l'allemand.   UHLAND.

XLIII

LES TROIS ANNEAUX

CONTE ORIENTAL

Au temps jadis, vivait en Orient
Un homme juste et bon et riche, ayant
Un anneau rare. Au chaton, une opale
Etincelait de tous les feux du jour;
Et du joyau, la vertu sans égale
Etait, aux gens, d'inspirer de l'amour.
Son possesseur, privilége suprême,
Cher aux mortels, était cher à Dieu même.

Vu l'avantage, on sera peu surpris
Qu'à son bijou l'homme attachât du prix.
Il le couvait. Et dans sa prévoyance,
Par testament, il défendit encor
Qu'en temps aucun, même en cas d'indigence,
Son héritier se défît du trésor.
De mâle en mâle et sans fin, d'âge en âge,
Fidèlement l'anneau devait passer ;
Et chaque père avait à le laisser,
Non à l'aîné, mais au fils le plus sage,
Au fils meilleur, partant le plus chéri ;
Et par l'anneau, cet heureux favori,
Le père mort, devenait sans partage,
De la famille et le maître et le chef.

Ainsi fut fait. Et d'ancêtre en ancêtre
L'anneau passa. Mais une fois, son maître
Eut embarras : voici la chose en bref.
Ce père avait trois fils irréprochables,
Egalement pieux, zélés, aimables.
Déshériter deux des trois? pas moyen.
Quand il était avec l'un d'eux, le père
Sur celui-ci croyait fixer son choix.
Plus tard, c'était le tour du second frère.

Puis du troisième. Ainsi de mois en mois.
Même, il advint que le vieillard, parfois,
Balbutia presque un mot de promesse
A tel ou tel..... paternelle faiblesse !

Des derniers jours, quand s'alourdit le poids,
Que fait le père ? Il mande, en sa détresse,
Sous le secret, un joaillier fameux :
« Ami, dit-il, vois cet anneau, j'en veux
« Trois tout pareils. Deux encor sont à faire.
« J'en suis pressé. Ton prix sera le mien. »
Les trois anneaux rapportés, sont si bien,
Si bien pareils, qu'en les mêlant, le père
Plus ne connaît les nouveaux de l'ancien.
A chaque fils, bientôt, avec mystère
Il en donne un, bénit son monde et meurt.
Le premier jour est tout à la douleur ;
Le lendemain, vous pensez la querelle.

Chacun des fils, avec toute raison,
Se croit, se dit maître de la maison.
De bagues, trois ; la bonne quelle est-elle ?
Quelle est sa marque ? On cherche. On cherche en vain.
D'indice, aucun pour l'œil ni pour la main ;

Aux trois bijoux, nul signe de fabrique.
Chacun, tenant le sien pour l'authentique,
En longs débats éclatent nos rivaux.
Pour dégager enfin le vrai du faux,
On vient au juge. Et chaque frère atteste
Avec serment, du père avoir reçu
L'anneau sans prix ; qu'auparavant, du reste,
Il y comptait fermement, ayant su
Du bon vieillard, l'intention expresse ;
Que, de sa bouche, il avait eu promesse ;
Qu'un père tel, grave et plein de tendresse,
Point ne pouvait avoir joué sa foi ;
Qu'enfin, plutôt que soupçonner ce père,
Il préférait mettre en doute, à part soi,
Bien qu'à regret, l'honnêteté d'un frère,
De deux plutôt, par intérêt menteurs.
« Défendez-moi de ces usurpateurs,
« Cadi, rendez justice nette et prompte ! »
— « Vous moquez-vous ? me pousser pareil conte !
« Sans rien prouver, faire tant de fracas !
« Suis-je devin ? éplucheur de problème ?
« Faites paraître, ici, le père même,
« Ou que l'anneau témoigne en l'altercas ;
« Sinon partez..... Attendez..... une idée !

« Voyons : d'après votre commun aveu,
« L'opale rend aux hommes, comme à Dieu,
« Son porteur cher, dès qu'il l'a possédée ?
« Alors, mes fils, l'affaire est décidée.
« Lequel des trois est cher à deux de vous ?
« Vous vous taisez ?... Je le vois, chacun n'aime
« Et ne chérit qu'un seul ici, lui-même.
« Ah ! malheureux !... mais je veux rester doux.
« Trompeur-trompé, chacun d'eux extravague.
« Leurs trois bijoux sont faux. La bonne bague
« A dû se perdre. Oui, le père navré,
« En place et lieu du trésor égaré,
« Vous a remis une triple copie.
« Donc, point d'arrêt ; mais prenez ce conseil :
« Vous révolter, enfants, serait impie ;
« Résignez-vous. Votre sort est pareil.
« Chacun de vous tient son anneau du père,
« Que pour très-bon il l'estime. Qui sait
« Ce qu'a voulu le vieillard qu'on révère ?
« Briser peut-être un droit qui le choquait,
« Un privilége. Et, sûrs qu'il vous aimait,
« Qu'également il vous avait en grâce,
« Suivez, en fils, la route qu'il vous trace.
« N'admettez plus qu'une rivalité,

« Celle d'amour ou plutôt de bonté.
« Tous trois, luttez de pitié, d'indulgence,
« De charité, de support, de vaillance,
« De foi soumise et de ferme espérance,
« De dévouement et de fidélité,
« Bref de vertus; que ce noble héritage,
« De vos neveux demeurant le partage,
« Croisse à travers les générations.....
« Puis, dans mille ans, repassez. Un plus sage,
« Reconnaissant le bon droit à l'usage,
« Prononcera sur vos prétentions. »

De l'allemand. LESSING.
(*Nathan le Sage*, acte III, scène VII.)

XLIV

MIGNON

—

Connais-tu le pays où la grenade en fleur
Voit l'orange, fruit d'or, sortir d'un noir feuillage?
Où dans un ciel d'azur souffle un vent de bonheur?
Où le myrte au laurier se mêle? doux rivage!
      Le connais-tu?..... Mon bien-aimé,
      Fuyons au pays embaumé.

Connais-tu la maison? le toit gai rit à l'œil;
Un portique est autour; la vigne s'y replie;

Les déesses de marbre, à l'hôte, font accueil...;
Ici, pauvre Mignon, qu'a-t-on fait de ta vie?
      Le connais-tu? Mon protecteur,
      Fuyons au pays enchanteur.

Connais-tu les hauts monts et leur âpre sentier?
Dans le brouillard, la mule a trouvé le passage;
Aux cavernes, frémit le dragon prisonnier;
Le roc se précipite et le torrent fait rage.
      Le connais-tu?..... Là-bas, là-bas,
      Le sentier, père, attend nos pas.

De l'allemand.   GŒTHE.

XLV

LA BARQUE

Au cours de la rivière
La barque fuit légère;
A bord nul ne connaît
Personne, et tout se tait.

Mais un gardeur de chèvres
Déjà porte à ses lèvres
Un cor aux sons rêveurs,
Qui fait vibrer les cœurs.

A cet appel magique
S'éveille et fait réplique
D'un ton doux et léger
La flûte du berger.

La belle rougissante
Enfin s'anime et chante ;
Et cor et flûte et voix
Modulent à la fois.

Les rames en cadence,
Des flots rhythment la danse,
Et la forêt des bords
Se berce aux longs accords.

Halte!... Hélas! on arrive ;
Amis, voici la rive !
Où nous reverrons-nous
Dans un concert si doux ?

De l'allemand. UHLAND.

XLVI

LES JOURS DE MON BONHEUR
(SONNET.)

Les jours de mon bonheur, comme un éclair, ont fui.
Dès longtemps, à mes yeux, la belle chasseresse,
La joie, est disparue, et mes longs jours d'ennui
Se traînent lentement après l'enchanteresse.

Que pouvez-vous encor me donner aujourd'hui,
Folles prétentions, faux biens, vaine allégresse?
Le temps, inexorable à ce qui vit pour lui,
Sous la cendre a glacé mon cœur et sa tendresse.

Et maintenant je fouille en mes décombres morts,
Mais je n'y vois qu'erreurs et fautes ; mon jeune âge
A mûri pour mon âme un seul fruit, le remords.

Importuns souvenirs dont m'obsède l'image,
Avec le reste, au moins, puisse le temps volage
Balayer dans l'oubli vos douloureux trésors !

<small>Du portugais.</small> Camoëns.

XLVII

VIE BRISÉE

Elle n'aima jamais qu'une fois ; et ce rêve
    Vint éclore dans son cœur pur,
Comme au sein d'une fleur monte la jeune sève,
    Comme l'aube naît dans l'azur.
Mais son âme, aspirant aux choses immortelles,
    Croyant à l'espoir comme à Dieu,
    Se fiança sans voir les ailes
    Que portait cet ange de feu.

Elle n'aima jamais qu'une fois, et victime,
    Elle apprit dès lors à souffrir
Ces blessures que fait au cœur l'amour sublime
    Et que seul l'amour peut guérir.
Et, lorsqu'elle sentit les roses de sa vie
    Se faner, résignée au sort,
    Son âme, échappant à l'envie,
    Sourit tristement à la mort.

Sur terre elle est encor, mais n'ayant plus de joie
    Qu'aux choses des temps disparus;
Secourable à tous ceux que Dieu met sur sa voie,
    Son cœur pourtant n'aimera plus.
Oh! s'il pouvait cesser de battre en sa poitrine,
    Ce cœur, pour retrouver un jour,
    Plus beau, dans la splendeur divine,
    Son premier, son unique amour!

De l'anglais.   MILNES.

XLVIII

PROFESSION DE FOI DE FAUST

Qui connaît l'Ineffable et qui peut oser dire
En vérité : *Je crois*, ou, tandis qu'il respire,
Quel aveugle insensé dira : *Je ne crois pas?*
L'Etre qui contient tout, insondable problème,
Ne soutient-il pas tout, l'univers et lui-même?
Que faut-il plus? La terre est ferme sous nos pas;
Sur nos têtes, le ciel étend sa paix profonde,
Et, dans l'azur des nuits, pour saluer le monde,
L'étoile, astre rêveur, monte éternellement.

Dans tes yeux pleins d'amour, quand mon regard de flamme
Plonge, oh! ne sens-tu pas frémir en ton amant,
Bruire en ton cerveau, bouillonner en mon âme
L'impétueux courant du flot mystérieux,
Source obscure de tout, des mondes et des dieux?
Remplis, remplis ton cœur de l'ivresse sacrée
Que le souffle infini, Marguerite, en nous crée,
Puis nomme-le : Bonheur! Amour! Nature! Dieu!
Du nom que tu voudras, le nom importe peu.
Moi, je ne donne pas de nom à l'Indicible!
Le sentir me suffit. Un nom n'est qu'un bruit vain,
Et le meilleur des noms n'est qu'un brouillard visible
Qui dérobe à nos yeux l'éclat du feu divin.

De l'allemand. GŒTHE.
(*Fragment du Premier Faust.*)

XLIX

DIES IRÆ

Au dernier jour, jour de colère,
Le feu consumera la terre :
Vieil oracle et profond mystère !

Quelle épouvante en l'Univers,
Quand descendra des cieux ouverts
Le Juge environné d'éclairs !

La trompette, déchirant l'ombre,
Eclate ; et du sépulcre sombre
Ont surgi les peuples sans nombre.

Et la mort, la terre et le ciel
Ont frémi, quand à cet appel
A comparu l'homme mortel.

Le Livre est là, texte impassible,
De tout péché témoin terrible,
Qui passe toute vie au crible.

Impeccable est le tribunal;
Toute chair frissonne et tout mal
Reçoit son châtiment final.

Eternel, où cacher ma honte!
Ai-je un défenseur qui t'affronte,
Lorsque, en tremblant, le saint rend compte?

Roi d'effrayante majesté,
Toi, qui sauves à volonté,
Efface mon iniquité.

Rappelle-toi que de ma race,
Par amour tu cherchas la trace,
Et fais non justice, mais grâce.

O toi, qui me tendant la main,
Versas pour moi ton sang divin,
Seigneur, serais-tu mort en vain?

Juste vengeur de la Loi sainte,
Au jour d'inexprimable crainte,
Eteins ma dette, entends ma plainte.

Ecrasé par le repentir,
Pécheur, je ne puis que gémir;
A mes pleurs, laisse-toi fléchir!

Près de la croix, avec ta mère,
Avec le brigand du Calvaire,
En regardant à toi, j'espère!

Je ne suis rien devant mon Roi,
Seigneur, je n'ai d'appui qu'en toi;
Des feux de l'enfer, sauve-moi!

Parmi tes agneaux fais-moi paître
Et loin des boucs, ô divin Maître,
A ta droite daigne m'admettre.

Si les maudits, les réprouvés
Au feu sans fin sont réservés,
Que les pénitents soient sauvés!

Dieu saint, vois mon front dans la poudre,
Mon cœur contrit, et, pour m'absoudre,
Retiens les fureurs de ta foudre!

Au jour de l'angoisse et des pleurs,
Il faut ressusciter, pécheurs,
Il faut paraître aux pieds du Juge;
Sauveur, alors sois mon refuge!

Du latin liturgique. THOMAS DE CÉLANO.

L

LE POËME DE LA CLOCHE

Vivos voco.
Mortuos plango.
Fulgura frango.

I

« Dans le moule en brique rouge
« Que, sous terre, nous fixons,
« On va couler, mes garçons,
« La grand'cloche! Or ça! qu'on bouge!
  « Aujourd'hui, fondeurs,
  « C'est jour de sueurs!

« Jour d'honneur, aussi! Courage!
Et Dieu bénisse l'ouvrage! »

II

Compagnons, un mot sérieux
Convient, quand l'œuvre est solennelle ;
Bons propos raniment le zèle
Et la main n'en agit que mieux.
Pour réjouir nos cœurs, d'avance
Méditons sur notre dessein :
Digne est l'artisan dès qu'il pense;
L'étourdi n'a droit qu'au dédain.
L'homme seul prévoit et discerne,
Et travaille pour l'avenir ;
Pensons! c'est l'esprit qui gouverne,
Et le bras ne doit qu'obéir!

III

« Entassez, qu'il en déborde,
« Le sapin bien sec ! je veux,
« Dans la fournaise aux flancs creux,

« Qu'un feu clair flambe et se torde !...
 « Bon ! le cuivre bout ;
 « L'étain se dissout !
« Sous l'ardeur du feu, la fonte
« Sourdement se masse et monte ! »

IV

Mes enfants, du haut de la tour,
Notre œuvre, aujourd'hui souterraine,
Dans les airs, d'une voix sereine,
S'en ira chanter quelque jour ;
Et bien des cent et cent années,
La cloche, qui naît sous nos mains,
Dans leurs diverses destinées
Accompagnera les humains.
Joie ou deuil, crainte, espoir, prière,
Tout ce bruit, concert éternel,
Qui monte en rumeur de la terre,
La cloche en fait un hymne au ciel !

V

« Bien ! des bulles sur la masse !
« La coulée est en bon train.

« D'aigreur purgeons notre airain
« Avec un peu de potasse.
   « Le sel rend liant
   « Le bronze bouillant,
« Et du métal, franc d'écume,
« Le timbre est pur et sans brume. »

VI

Saluant le doux nouveau-né,
Cloche à la vive sonnerie.
Accueille aux portes de la vie,
L'hôte par Dieu même amené.

Sur le berceau, sommeille encore
L'avenir au vol incertain ;
La mère, à ce nouveau destin,
Sourit comme sourit l'aurore.

Les ans ont fui comme un matin...

Loin des fillettes de son âge
Le garçon, sauvage et hardi,
S'ébat, tente le sort, voyage,
Puis revient, tout autre et grandi.

Mais voici, dans l'absence éclose,
Belle et modeste, ange aux yeux bleus,
Devant lui, rougit, fraîche rose,
La compagne des premiers jeux.

Un trouble inconnu, dès cette heure,
L'agite; il cache son transport;
Aux bois il erre seul; il pleure,
Soupire et combat... vain effort !

Timide, il la cherche au passage.
Elle sourit : il est heureux.
Puis un bouquet, tremblant message,
Trahit son secret et ses vœux.....

Printemps du cœur, saison d'ivresse,
Où l'homme, éperdu de tendresse,
Des dieux habite le séjour,
Pourquoi sitôt, enchanteresse,
T'enfuir, heure de l'allégresse,
Age d'or du premier amour ?

VII

« Aux évents fume l'aigrette ;
« Mes fils, s'il n'y manque rien,

« Notre flux doit vitrer bien :
« Pour voir, trempez la baguette !
  « Leste, enfants ! et gai !
  « Faites-moi l'essai.
« L'âpre a-t-il saisi le tendre ?
« Rien de tel pour se bien prendre ! »

VIII

Quand la vigueur à la souplesse,
Quand la douceur à la rudesse
S'allie, on a le son parfait.
Jeunes couples, dans votre vie,
Vous n'aurez, sans cette harmonie,
Qu'un rêve court, un long regret.

  Au front de la jeune fille
  Rit le myrte virginal,
  De l'hymen, le campanille,
  Carillonne le signal.....
  Mais, dénouez la ceinture,
  Le beau rêve est envolé,
  De la fleur s'est effeuillé
  Le frais calice, ô Nature !

Le rêve s'enfuit,
Mais l'amour vrai dure ;
Et déjà le fruit
Point dans la fleur mûre.

L'époux, au dehors,
Avec le destin — luttant corps à corps,
Risque, agit, bataille ;
Sans trêve et sans fin, — sème, plante et taille ;
Et fait mille efforts ;
Et, pour récompense,
Heureux métayer, — il voit l'abondance
Emplir son cellier,
Charger sa crédence,
Enfler son grenier.

La femme, au logis, — bonne ménagère,
Fait, pleine d'amour,
Son œuvre à son tour,
Aide, épouse et mère,
Œil de la maison,
Par qui tout prospère,
Elle établit l'ordre ; — à fille et garçon
Montre le devoir — et fait la leçon.

De trésors s'emplissent
Armoire et buffet;
Quenouille et rouet
Ronflent et gémissent;
Sa main, dans vos flancs, — bahuts de noyer,
Loge tous les biens, — honneur du foyer,
Et polit toujours — et remet en place,
Et n'est jamais lasse !

Et, par un beau soir, tout joyeux,
Le père, au sommet de sa manse,
Monte, et, d'un coup d'œil glorieux,
Contemple son domaine immense !
Ses vergers rompent sous le fruit;
L'or des moissons ondoie et luit ;
Ses greniers sont pleins jusqu'au faîte.
Il se vante en son cœur :
« J'ai gravi la hauteur
Où jamais la tempête
N'atteindra mon bonheur ! »

Mais si le sort nous seconde
Il n'en est pas moins jaloux...
Heureux, heureux, garde à vous!

IX

« La cassure est franche et blonde.
« Voici l'instant, compagnons !
« Chut, en nous-mêmes prions,
« Avant de toucher la bonde...
　　« Frappez le tampon !
　　« Gare à la maison !
« Jet de feu, la fonte au moule
« Plonge, et, fumante, s'écoule. »

X

O Feu, don du ciel, bienfaiteur,
De l'homme hautain serviteur,
Tu prends part à chaque merveille
Dont il se prétend créateur ;
Mais à nous, tes maîtres, malheur !
Si la révolte en toi s'éveille,
Et si tu reprends, indompté,
Ta primitive liberté.
　　Car, dans ta haine hardie,
　　Bondissant de toits en toits,
　　Tu rugis, flamme agrandie,
　　Sur tout un peuple aux abois,

Te vengeant par l'incendie
Et de l'homme et de ses lois !

C'est du ciel — que nous vient l'onde
  Qui féconde ;
Et du ciel, déchirant l'air,
  Fond l'éclair !...
Nuit d'effroi !... Le tocsin gronde
  Au beffroi.
Le ciel rougit, sombre aurore,
Qui n'annonce point le jour !...
Au feu ! tous ! voyez ! il dore
  La grand'tour !

Vainqueur sinistre, il flamboie,
Et sur le quartier, sa proie,
Son étendard se déploie !

L'air, comme aux bouches d'un four,
Brûle ; les vitres grésillent ;
Poutres, toits, craquent, pétillent ;
Mère, enfant, bétail, surpris,
Courent ; il sort des débris
  De longs cris !

La nuit brille. Sans parole,
Chacun sert, court, prend son rôle.
Lourds mais prompts, de mains en mains.
      A la ronde,
Les seaux volent. A jets pleins,
Les pompes font jaillir l'onde.
Mais le vent, dans le brasier,
Secoue, en hurlant, ses ailes ;
Son souffle a fait ondoyer
Une gerbe d'étincelles ;
Et l'incendie, en son jeu,
Comme un géant titanique
Escaladant le ciel bleu,
Monte, ardent et volcanique,
      Tour de feu !

      Devant Dieu,
Sans espoir, l'homme s'incline ;
Spectateur de sa ruine,
Il admire avec horreur.

Morne et vide — est cette arène
Où du feu sévit la haine.
      La terreur

De ces murs noirs fait son temple ;
Et la nue, en sa hauteur,
Les contemple.

L'homme en deuil
Vers la place,
Tête basse,
Tourne son dernier coup d'œil.

En route ! Il reprend la besace
Et le bâton du voyageur !
Il n'a plus rien, mais il est père ;
Or voici, nulle tête chère
A l'appel ne manque, ô bonheur !

XI

« Ecoutez ! le terrain gronde ;
« Prisonnier, le bronze bout ;
« Mais l'œuvre n'est pas au bout ;
« Que va-t-il surgir au monde ?
« Veine, paille, éclats,
« Perdraient tout, hélas !
« Dur souci, déjà peut-être
« Ta cloche est fêlée, ô maître ! »

XII

Dans le sillon noir, ô Nature,
Le semeur dépose avec foi
Le gain, humble gage, et de toi
Il attend la moisson future,
Fondé sur la divine loi.
Il est de plus chères semences
Qu'en ton sein, nous cachons, pieux :
Terre, selon nos espérances,
Tu les fais germer pour les cieux.

Le glas sourd — et funéraire
Tinte et pleure; et, voix austère
    Du cercueil,
Dit qu'un mort, du cimetière,
A cette heure, atteint le seuil.

Ah! c'est la femme adorée,
C'est la mère vénérée
Que le Trépas, dieu jaloux,
Arrache aux bras d'un époux.
Pleure, famille orpheline,
Toi, qui, vivant de son cœur

Sur sa fidèle poitrine
Fleurissais dans le bonheur.
L'âme de ton harmonie
Disparaît... tout est détruit;
Du foyer le bon génie
S'est envolé dans la nuit;
Et, rien ne va plus, ô mère,
Sitôt qu'à ta place un jour
Vient gouverner l'étrangère,
L'étrangère sans amour.

XIII

« Laissons refroidir la cloche
« Et respirons, travailleurs!
« Aujourd'hui de vos labeurs,
« Heureux gars, le terme est proche.
    « L'ouvrier, le soir,
    « Au frais, peut s'asseoir;
« L'esprit libre, il jase ou rêve;
« Le patron n'a point de trêve. »

XIV

Où va si tard, par le val,
Ce passant au pied rapide?...

Il revient au toit natal.
Les brebis, troupe timide,
En bêlant,
Les grands bœufs de la prairie,
A pas lent,
Ont rejoint la métairie.
Dans les cours,
Ployant sous les blondes gerbes,
Ceints de fleurs, — rentrent, superbes,
Les chars lourds.
Garçons, filles,
Forment, jetant leurs faucilles,
Des quadrilles.

Et déjà le soir brunit;
Des bourgeois, dans leurs retraites,
Luisent les lampes discrètes...
Tombez, herses! Bonne nuit!

Tout est sombre
Dans ces murs;
Mais les habitants, dans l'ombre,
Dorment, sûrs :

Si le crime rôde et veille,
L'œil des lois point ne sommeille.

Sainte Loi, fille du ciel,
Sous ton ordre qui le plie,
L'homme à l'homme se rallie ;
Et c'est ton pacte immortel,
Qui, sauvant de l'esclavage
L'homme errant, fait du sauvage
L'heureux fils d'une cité ;
Puis dans son âme attendrie,
Engendre un jour la PATRIE,
D'où naîtra l'HUMANITÉ.

Mille mains laborieuses
Font, du bruit de cent métiers,
Résonner, industrieuses,
La ville en tous ses quartiers.
Apprenti, compagnon, maître,
Par le droit gardés, unis,
Savent prendre et reconnaître
Leur vrai rang dans le pays.
Le travail fait ta noblesse,
Grand peuple des travailleurs,

Comme un roi de sa richesse,
Soyons fiers de nos sueurs!

Et toi, Paix, douce harmonie,
  Sois bénie!
Protége au loin nos hameaux,
Détourne de nos rivages
La tempête et ses ravages,
Surtout la guerre et ses maux!
  Qu'à l'aurore
Le ciel de rayons sereins
  Se colore,
Non du feu des bourgs lointains,
Brûlant au bruit des tocsins.

XV

« Maintenant brisez la forme,
« Elle a rempli son devoir.
« Qu'enfin notre œil puisse voir,
« Resplendir la cloche énorme!
  « A coups de marteau,
  « Rompez le manteau!
« Corps d'argile, en poudre tombe!
« Cloche, sors, sors de la tombe!

XVI

Avec sagesse, en temps et lieu,
C'est au maître à briser le moule.
Mais tremblez! s'il s'échappe et roule
Libre et sans frein, le flot de feu!
Chose aveugle, élément farouche,
Du cachot, écarlate, il sort,
Et, comme un démon, de sa bouche
Vomit le désastre et la mort.
Toujours la force est impuissante,
Quand la pensée en est absente;
De sang tu peux tout inonder,
Peuple : autre chose est de fonder !

Malheur! quand agitant les villes,
Et, soulevant les passions,
Le fouet des discordes civiles
Fait bondir les séditions !
Malheur! quand la main populaire,
Te mêlant à d'affreux débats,
Transforme ta voix de prière,
O cloche, en signal des combats!
— « Liberté! nous sommes tous frères!

« Egalité ! Mort aux tyrans ! » —
Chaque homme s'arme; et, sanguinaires,
Hurlent cent malfaiteurs errants.
Hyènes atroces, des femmes,
Aux yeux, aux rires insultants,
Déchirent, de leurs dents infâmes,
Le cœur d'ennemis palpitants.
Ces monstres, sacrilége fête !
Des lois, des mœurs, se font un jeu ;
La vertu se voile la tête ;
Le mal est roi, le crime est dieu.

O lion ! ta haine est terrible ;
Ta rage, ô tigre ! fait horreur ;
Mais des horreurs la plus horrible,
C'est encor l'homme en sa fureur !
Malheur ! quand cet aveugle allume
Sa torche avec le feu du ciel :
Sans l'éclairer, elle consume
Hameaux, cités, palais, autel !

XVII

« Merci, Dieu ! car, saine et sauve,
« Voyez, comme un oiseau d'or,

« De son œuf, la cloche sort,
« Belle, étincelante et fauve.
   « Son contour vermeil
   « Luit comme un soleil ;
« Armes, légende et nervures,
« Tout vient franc et sans bavures !

XVIII

Approchez tous !
Notre fille attend son baptême.
Concordia, nom saint et doux,
Orne-la comme un diadème,
Et que sa voix, au rendez-vous,
N'appelle qu'un peuple qui s'aime !

Honneur du vieux maître, je veux,
O cloche, t'adresser mes vœux :

Au sein de l'éther balancée,
Tu dois, habitante des cieux,
En haut élever la pensée
Des mortels au cœur oublieux.

Comme les astres, dont la ronde
Ramène et l'année et le jour,

En tout temps, au Maître du monde,
Fais monter des accents d'amour.

Aux seules choses éternelles
Consacre ta bouche d'airain ;
Que l'heure, en t'effleurant des ailes,
Nous dise : Pensez à demain !

Des cités gardienne mystique,
Sans douleur toi-même, tu peux
Suivre, d'un écho sympathique,
La vie en son cercle orageux ;

Mais, ainsi que meurt, éphémère,
Ton chant qu'emporte le zéphyr,
Apprends-nous, que tout, sur la terre,
Sans retour, doit s'évanouir.

XIX

« Sus ! enfants, à la manœuvre !
« Il faut pendre dans les airs,
« Au bleu pays des éclairs,
« Le Bourdon, notre chef-d'œuvre !

« Ferme! encore un tour!...
« Il est dans la tour.
« Sonnez, premières volées!
« Gloire à Dieu! Paix aux vallées! »

De l'allemand.   Schiller.

SECONDE PARTIE

RHYTHMES NOUVEAUX

Les quelques mesures nouvelles essayées ici, se réduisent à deux : les vers de 16 et de 14 syllabes.

Le vers de 16 syllabes présente deux variétés; il peut avoir une seule ou trois césures régulières et se lire ainsi : 8+8, ou 4+4+4+4.

Le vers de 14 syllabes est susceptible de quatre variétés; il peut avoir une césure ou deux et se couper ainsi :

7+7 syllabes

ou 8+6

ou 6+8

ou 4+4+6.

Une note à la fin du volume motivera théoriquement ces innovations rhythmiques.

Si le lecteur veut bien, en commençant la pièce, scander avec un peu de complaisance quelques vers, il en découvrira promptement l'harmonie spéciale.

LI

(8+8)

DAMAYANTI

FRAGMENT DU MAHA-BHARATA

Episode de Nal, livre XII.

(slokas 1-11)

—⊷—

L'épouse aux grands yeux de lotus, l'intrépide fille des rois,
Damayanti, l'abandonnée, atteint la région des bois,
Des bois sans borne et sans issue, entre les monts Whynd et le Gange.
Jongles et croupissantes eaux, amas de ronces et de fange,
Taillis, cavernes et torrents, ravins aux lugubres secrets,
Telles dans leur hérissement, s'étendent ces âpres forêts.
Touffue et sombre immensité; sauvage, impénétrable obstacle,
Enchevêtrement végétal, d'hôtes farouches l'habitacle.
Partout camphriers, teks, sandals, manguiers, asokas, badamiers;

Partout veloutiers, mhovas, nîms, areks, mougris et lataniers,
Feuillus, pressés, entre-croisés, envahissent l'air et l'espace.
Sous cette voûte, où le bétel à la scolopendre s'enlace,
Rampent les pythons, les cobras, les crocodiles écaillés.
Monstre plus redoutable encor, l'homme des bois, dans les halliers
Est à l'affût. Les perroquets et les singes peuplent les branches,
Et le moqueur sensasoulé fait éclater ses notes franches.
Dans leurs bauges tremblent de loin les sangliers et les grands ours
Quand passe, en froissant les taillis, la troupe des éléphants lourds;
Et vers le soir, lorsque tout dort en ces homicides empires,
Sous le hôlement des hiboux et le vol pesant des vampires,
Dans l'ombre, avec leurs yeux de braise, on voit surgir de toutes parts,
Les animaux buveurs de sang : tigres, panthères, léopards.

. . . .

Livre XII.

(slokas 61-101.)

Trois jours entiers, Damayanti bravant tous les dangers sans crainte,
Avait erré dans la forêt, inextricable labyrinthe;
Quand elle trouve un lieu d'asile, enclos paisible et lumineux.
C'est des ascètes le bocage et le séjour. Ces bienheureux,
Comme des êtres surhumains, vivant d'eau pure et de racines,
Vainqueurs parfaits de tous leurs sens, peuvent ouïr les voix divines.
Vêtus de feuilles et de peaux, en prière ils passent leurs jours.
Sur leurs ajoupas dispersés fleurit la rose. Aux alentours
Paons, ibis, argus et flamants se promènent. Dans les lianes,
Oiseaux-mouches et colibris tissent leurs nids de filigranes.

Le cygne sur l'onde se berce. Et la dorcade et le bubal
Bondissent dans l'herbe. L'abeille assiége les fleurs du pipal.
Damayanti, qui du palmier a la souplesse et l'élégance,
Reprend courage à cette vue, et vers les ermites s'avance.
Puis s'inclinant, d'un front modeste à la fois et majestueux,
Muette elle reste debout. Et les vieillards respectueux
Gravement répondent : « Salut, salut à toi, belle étrangère!
Prends place, et sans crainte dis-nous, ce que pour toi nous pouvons faire. »
— « Par les forêts et par les monts, par le ciel, la terre et la mer,
Par vos longues austérités, par le feu, le vent et l'éther,
Salut à vous, ô bienheureux affranchis de toute souillure! »
— « Salut! ont répété les saints, femme à l'air noble, à la voix pure.
De ta beauté qui resplendit, à nos yeux l'éclat est si grand,
Que nous demeurons incertains sur ta nature, en t'admirant.
De ces forêts, ou de ce fleuve, ou de ces monts es-tu déesse?
Qui donc es-tu? quel est ton nom? apprends-nous quel souci te presse? »
— « Brahmanes saints, je ne suis pas, dit la reine aux brillants attraits,
La divinité de ces monts, de ce fleuve ou de ces forêts;
Je suis une mortelle, et veux m'ouvrir à vous d'un cœur sincère :

Du royaume de Vidarba, le puissant monarque est mon père.
De Bhîma vous voyez la fille, et mon époux est un héros;
C'est Nal, fils de Vîracêni, pour qui je souffre tant de maux.
Du Nichada, roi glorieux, Nal est jeune et sa forme est belle;
Claire est sa face, ouvert son front, et son grand œil noir étincelle.
Nul guerrier n'a dans les combats plus de vaillance, et son bras fort
Sans peine contient un quadrige et sait courber l'arc sans effort.
Nal, ardent comme le soleil, peut être doux comme la lune.

Illustre entre tous par le sang et favori de la fortune,
Sa bouche a toujours dit le vrai. De son devoir observateur,
Fidèle à ses engagements, du droit il est le protecteur.
Des Védas et des Védangas quatre fois il a lu les textes;
Exact au rite, au sacrifice, il est invincible aux prétextes.
Religieux, irréprochable et des Brahmanes saints l'ami,
Quand sa main a tiré l'épée, il n'est pas terrible à demi;
Exterminateur des guerriers, il prend d'assaut remparts et villes.
Mais, Nal, trompé par des méchants, provoqué par des âmes viles,
Triste victime des pervers, par trahison a tout perdu,
Ses biens, sa gloire et sa couronne; il erre seul et pauvre et nu
Dans les horreurs de ces déserts. Et moi, Damayanti, la femme
Du plus infortuné des rois, je le recherche et le réclame;
Et par les bois et les ravins, à travers les monts et les eaux,
Inconsolable, je poursuis Nal, le magnanime héros.
A Damayanti, par pitié, vous, les solitaires, les sages,
Dites, le roi de Nichada s'est-il fait voir dans vos bocages?
Ou bien se débat-il encor dans les réseaux du noir filet
Qu'étend autour des exilés l'incommensurable forêt?
Si quelques jours de plus, pour moi, dure l'angoisse de l'attente,
Mon âme quittera mon corps, ainsi que l'on quitte une tente :
Comment de cette affliction soutenir plus longtemps le poids?
Je ne saurais vivre sans Nal, premier des hommes et des rois. »

La reine en pleurs, alors se tut. Et les pieux anachorètes,
Eux, que les macérations du ciel ont fait les interprètes,
Répondirent : « Damayanti, perle des femmes, de tes yeux
Sèche les pleurs. Dans l'avenir, par la permission des dieux,

Nous pouvons lire, et nous lisons que bientôt va finir ta peine.
Les temps prochains seront cléments, et fortunés tes jours, ô reine.
Bientôt, l'effroi des ennemis, des amis le consolateur,
Le héros et le justicier, le prudent, l'exterminateur,
Le bon pasteur des peuples, Nal, ton époux, femme incomparable,
Tu le verras, ainsi qu'avant, riche, heureux, puissant, redoutable.
Espère, cherche. Adieu ! »

      Soudain, et par un prodige inouï,
Ermites, bois sacré, jardins, cygnes, tout s'est évanoui.
Et la belle Damayanti, devant l'étonnante merveille,
Est de surprise confondue et s'écrie : « Est-ce que je veille?
Ou bien aurais-je fait un songe? Où sont les vénérables saints?
Et les cabanes de bambous, les bengalis et les essaims?
Où sont les ruisseaux murmurants que j'ai vus fuir sous la feuillée?
Et les mangoustans dont les fruits pendaient à la branche ployée? »

Troublée, émue et méditant sur ce beau rêve anéanti,
Partagée entre l'espérance et la douleur, Damayanti,
Dans la forêt illimitée, alors reprend sa longue marche.

 Du sanscrit.   VYASA.

LII

(8+8)

HARMOSAN

Dans la poussière avait croulé le vieux trône des Sassanides ;
Sur Ctésiphon avait passé le feu des Musulmans avides.

Victorieux dans cent combats, Omar de l'Oxus voit les bords ;
Yesdegherd, neveu de Cosrou, gisait sur un monceau de morts.

Quand des croyants le commandeur de son butin fait la revue,
Un satrape au front mâle et fier, amené devant lui, salue.

C'est Harmosan qui dans les monts ne fut réduit que le dernier ;
Hélas ! des fers chargent les mains de l'intrépide prisonnier.

« Reconnais-tu, vil mécréant, lui crie Omar, dont l'œil est sombre,
« Que devant la face d'Allah, tes faux dieux ne sont que vaine ombre ? »

— « Le cimeterre t'a fait roi, de l'Orient à l'Occident,
« Et contredire le vainqueur, c'est contredire en imprudent ;

« Mais, puis-je exprimer un désir ? — aussi bien tu sais mon histoire —
« Fais-moi donner du vin, sultan, j'ai combattu trois jours sans boire. »

L'émir fait un signe ; on apporte aussitôt et coupe et boisson.
Mais Harmosan encore hésite. A quoi pense-t-il ? au poison.

« Ne crains rien, dit Omar ; jamais fils de l'Islam ne trompe un hôte.
« Bois ; le cimeterre attendra. Bois, après tu payeras ta faute. »

Le Persan, dont l'esprit est vif, a saisi la sentence au vol :
Il prend le verre ; au lieu de boire, il le brise contre le sol.

Sanglant outrage ! Avec fureur, brandissant le glaive et la lance,
Contre le prisonnier subtil, la troupe des soldats s'élance.

Mais le calife les arrête et dit : « Laissez vivre Harmosan ;
« Rien, sous le ciel, n'est plus sacré que la parole d'un sultan. »

De l'allemand. PLATEN.

LIII

(8+8)

LA CHEVAUCHÉE DU LION

Quand le lion, roi des déserts, pense à revoir son vaste empire,
Vers la lagune allant tout droit, dans les roseaux il se retire.

Où viendront boire et la gazelle et la girafe, il se tapit;
Le sycomore a frissonné quand le colosse s'accroupit.

La nuit tombe. Sous un feu clair, des Hottentots le kraal brille :
Le phare, quand aux monts du cap s'éteignent les signaux, scintille.

Fusil au poing, le Cafre sort et rôde à travers le carrou;
Dans les fourrés dort l'antilope, et, plus près du fleuve, le gnou.

D'un pas majestueux et doux, alors goûtant l'heure plus fraîche,
Erre la girafe. Le jour fut dévorant, sa langue est sèche.

Sa soif cherche l'étang bourbeux, le trouve. Auprès de l'abreuvoir
Agenouillée, on voit son cou s'allonger vers le bassin noir.

Soudain s'écartent les roseaux. Rugissant, d'un bond, sous sa griffe,
Le lion, hardi cavalier, presse le tremblant hippogriffe.

Coup d'œil terrible et magnifique! en quel haras impérial,
En quel tournoi vit-on jamais tel écuyer et tel cheval?

Vers la nuque où la chair frémit, le fauve a plongé sa dent fière;
Et sur le cou bariolé ruisselle sa rousse crinière.

Poussant un long cri de douleur, la girafe s'élance et part :
C'est la flamme du dromadaire avec la peau du léopard.

Voyez, bondissant, éperdu, le couple, aux rayons de la lune.
Les yeux hors de la tête, fuit, fuit à travers la plaine brune

La girafe. Sa robe claire est rouge par place; on entend
Dans le silence de la nuit haleter son cœur palpitant.

Comme un fantôme du désert, vaguant loin des ténébreux gîtes.
Comme la colonne de feu qui guidait les Israélites,

Comme la trombe du simoun, tournoie et monte, derrière eux,
Levé par l'effréné galop, le sable en nuages poudreux.

Dans l'air, à coups d'aile pressés, le vautour criard les dépasse ;
Ignoble flaireuse des morts, l'hyène vole sur leur trace.

La panthère dévastatrice a d'aise bondi ; son émoi,
Aux flots de sueur et de sang, suit le sillage de son roi.

Et le souverain du désert, le sombre monarque à l'œil jaune,
Maintient, sous son ongle crispé, le coussin vivant de son trône.

Et la victime est épuisée, et son galop devient plus lourd ;
Sous l'implacable cavalier, jusqu'au dernier râle, elle court.

A la frontière du désert, elle s'abat, soufflant encore ;
D'écume et de poudre souillé, le roi l'égorge et la dévore.

Loin sur Madagascar, en mer, paraît la rougeur du matin.
Ainsi le roi fauve, de nuit, parcourt son empire lointain.

De l'allemand. FREILIGRATH.

LIV

(7+7)

DANS LA FORÊT

Les chênes de la forêt à l'ombre épaisse et tranquille,
Aujourd'hui comme autrefois m'ont chanté leur grave idylle.

Le plus jeune, vers l'orée, essaye et gazouille un son ;
Et le son devient murmure et le murmure chanson.

Et la chanson devient chœur ; les rameaux, de proche en proche,
S'ébranlent et leur rumeur a les ondes de la cloche.

Et, de la racine au faîte, on entend dans le grand bois
S'entre-croiser cet orage et se chercher mille voix.

Si quelque chêne orgueilleux isole sa cantilène,
La forêt haussant la voix ou le couvre ou le ramène.

Cet orchestre de feuillage a les accents de la mer ;
Il pleure et gronde en cadence à chaque frisson de l'air.

C'est du plus ancien des dieux la musique aérienne,
Pan tire ainsi des accords de la flûte éolienne.

La flûte aux sept trous se cache au profond des taillis verts,
La syrinx magique enferme, en sept modes, l'univers.

Et poëtes et pinsons, vives âmes dégourdies,
Dans l'ombre sont à l'affût et boivent ces mélodies.

De l'allemand. G. Keller.

LV

LE CID

1026-1099

I

LE CID JEUNE

(7+7)

—

Fils aux armes ! le clairon a réveillé le tambour.
Fer et sang ! les cris de guerre annoncent les funérailles.
Le Cid rangeait ses guerriers pour les guider aux batailles ;
L'œil en feu, cheveux épars, Chimène éperdue accourt :
    « Peux-tu bien laisser ta femme,
    « Chef des preux, roi de mon âme?

« Dans la guerre et dans la paix, Bivar, tu n'as point d'égaux.
« Domptant le plus fort guerrier, la beauté la plus sauvage,
« Tu vois, pliant le genou, se courber sous ton servage,
« Et les émirs sarrasins et les filles des rois goths.
   « Chef des preux, roi de mon âme !
   « Peux-tu bien laisser ta femme ?

« Tandis que si volontiers, les hommes, nos durs vainqueurs
« Echangent satin, velours, plumes, collier d'or et masque,
« Contre gantelets d'acier, maille, lance, épée et casque,
« Nous autres, pour un regard, folles, nous donnons nos cœurs.
   « Peux-tu bien laisser ta femme,
   « Chef des preux, roi de mon âme ?

Voyant sa noble Chimène éplorée et sans couleurs,
Le Cid vers elle se penche et lui dit avec tendresse :
« A bientôt, joyeux retour ! séchez vos larmes, comtesse. »
Chimène boit ce regard qui fait redoubler ses pleurs :
   « Chef des preux, roi de mon âme !
   « Peux-tu bien laisser ta femme
   « Sans pitié pour ses douleurs ? »

II

AGE MUR

(7+7)

Babiéça, dans la cour, piaffe, coursier glorieux.
Eperonné, cuirassé, portant l'épée et la lance,
Contre le Maure et Mahom prêt à partir pour Valence,
Le Cid à Dona Chimène en secret fait ses adieux.

— « Bien vous savez, Señora, que plus rien je ne possède,
« Mais l'intérêt perd son droit quand l'Espagne crie à l'aide.
« Mon absence est ma ruine, oui, mais la voix de l'honneur
« Au vassal qui sert son roi, doit tenir lieu de bonheur.
« Au loin, je vais guerroyer. Que cependant ma Chimène,
« Digne de son noble sang, d'elle et de moi se souvienne.

« Détestant l'oisiveté (l'oisiveté, c'est la mort),
« Que régir votre maison soit votre constant effort.
« Réservez pour mon retour bijoux, dentelle et le reste,
« Car la femme sans l'époux, doit être simple et modeste.
« Gardez vos filles à l'ombre et qu'aucun souffle mauvais
« Inquiétant leur candeur ne les effleure jamais.
« Leurs jeux comme leur sommeil, près de vous doivent se faire :
« Ce sont brebis sans gardien que filles loin de leur mère.
« Pleine d'égards pour chacun, soyez grave avec vos gens,
« Prudente avec l'étranger et sévère à nos enfants.
« A toute amie, il convient sur mes lettres de vous taire ;
« A mon plus cher confident, des vôtres je fais mystère.
« Mais une femme ayant peine à cacher un cœur joyeux,
« A vos filles ouvrez-vous, en leur disant : Chut ! C'est mieux.
« Si l'on vous conseille bien, faites ce qu'on vous conseille ;
« Si l'on vous conseille mal, décidez seule : à merveille !
« Dépensez ni trop ni peu. Vingt et deux marévedis,
« Pour le ménage par jour, nous restent. Mais je vous dis :
« Si l'argent vient à manquer, n'en parlez qu'à moi le maître.
« N'engagez point vos joyaux, car je ne puis le permettre.
« Sur ma parole et mon nom, ma chère, empruntez sans peur,
« Le Cid prête à tous son bras et doit trouver un prêteur.

« Mais je m'oublie avec vous, vieil amant près de sa belle.
« Chimène, encore un baiser, viens dans mes bras, sur mon cœur. »

La trompette a retenti, Campéador saute en selle.

III

LE CID VIEUX

(7 + 7)

―

« Chimène, si les combats aujourd'hui m'étaient funestes,
« Au cloître de Cardeña, je veux qu'on porte mes restes.
« Faites creuser, s'il se peut, ma fosse près de l'autel
« De saint Jacque. Il m'a toujours protégé du haut du ciel.

« Nul gémissement public : ne voyant plus mon épée
« Nos paysans pourraient fuir, car leur âme est mal trempée.
« Cachez, aux Maures surtout, vos larmes : ils sont méchants
« Vous diriez le Requiem, eux ravageraient nos champs.

« Que ma Tizona, jamais, compagne d'exploits insignes,
« Honneur du Campéador, ne tombe en des mains indignes.

« Et si Dieu permet qu'un soir, Babiéça mon cheval,
« Seul revienne, et qu'à ta porte il hennisse. A l'animal
« Ouvre, et de ta blanche main le flattant, donne-lui vite
« Double avoine : serviteur qui fit bien, guerdon mérite.

« Ensuite, arme le défunt : brassard, jambard, corselet,
« Epaulière, casque, lance, écu, faulcre et gantelet...
« Mais voici l'aube du jour. J'entends les clairons du Maure.
« Bénis ton époux, Chimène ; il te bénit et t'honore. »

Et Bivar, le glaive au poing, sort de Valence et des murs.
Au vaillant Bukar que suit le flot de vingt rois obscurs,
Il descend livrer bataille. — Ah ! que Dieu le garde encore !

De l'espagnol. *Romancero du Cid.*

LVI

(7+7)

MON PREMIER-NÉ

Donnez-le-moi! — Je t'embrasse, ô mon fils, hôte nouveau,
Toi, sur l'arbre de mes jours, poussé comme un vert rameau !

Salut mille et mille fois, toi, jeune aile de mon âme;
Dans tes doux vagissements, mon allégresse t'acclame !

Ta faiblesse, en moi du père a fait tressaillir le cœur;
Reçois un premier baptême aux larmes de mon bonheur !

Astrologue je deviens, au monter de ton étoile :
Sur ce front pur, livre ouvert, quel avenir se dévoile ?

Une fleur naît sur la branche, et dans la fleur, un fruit d'or :
Que la précoce gelée en respecte le trésor !

Oui, la mort doit épargner cette espérance chérie !
Vis, mon fils, un peu pour moi, mais surtout pour la patrie.

Grandis, enfant, sois un brave, et puisses-tu l'effacer,
Cet homme dont le front penche, ou du moins le remplacer.

Sur ma tombe, en te voyant, que l'on dise : « Si le père
« Nous a quittés, dans le fils, son âme revit plus fière. »

Du hongrois.   Pétœfi.

LVII

(4+4+6)

LA NUIT

Aux champs, silence. En la cité, passants, rumeurs, tapages :
Lanterne au flanc, roue à l'essor, volent les équipages ;
Les hommes las du poids du jour, le marchand, l'ouvrier,
En calculant perte et profit regagnent leur foyer.
Du marché vide au magasin, pour la nuit sont rentrées,
Comme les fruits, comme les fleurs, et graines et denrées.
Mais d'un jardin enclos de murs, montent les sons du cor ;
Quelque amoureux, par un concert fête sa belle, ou bien encor
Un bon vieillard à son printemps sourit. Et les fontaines
Laissent tomber leur frais murmure aux vasques toujours pleines.
Dans l'air bruni, le vieux clocher sonne paisible et doux ;

Le guet nommant l'heure qui passe a répété les coups.
Le vent fraîchit, on voit frémir les cimes du feuillage.
L'astre des soirs monte et reprend son éternel voyage.
Et dans les cieux, la nuit rêveuse erre. Le monde obscur
Baise les crêpes étoilés de sa robe d'azur ;
Mais la déesse, indifférente aux tendresses humaines,
D'un regard triste et beau pourtant, effleure et monts et plaines.

De l'allemand   Hœlderlin.

LVIII

(7+7)

LE TOMBEAU DU KLEPHTE

Le soleil d'or se couchait. Et Dimos, d'une voix grave :
« Fils, pour le repas du soir, qu'on cherche l'eau. Toi, mon brave,
Lamprakis, approche donc ; là, sur ma cape, assieds-toi.
Prends mes armes, beau neveu ; sois capitaine après moi.
Que deux de vous, sur les monts, de mon propre cimeterre,
Me coupent cent verts rameaux, pour mon dernier lit sur terre.
Qu'un autre coure au vallon, et ramène un confesseur ;
Je lui dirai mes péchés, j'en ai beaucoup sur le cœur.
Trente ans je fus Armatole et vingt ans Klephte. On peut croire
Si j'en ai vu ! Maintenant, de Dimos finit l'histoire.
Soignez mon tombeau, vous tous ! Faites-le-moi large et haut,

Que j'y puisse encor, debout, charger, tirer s'il le faut.
Ménagez-y, sur la droite, une lucarne entr'ouverte,
Que j'entende l'hirondelle annoncer la feuille verte,
Et les rossignols chanter mai, les fleurs et le temps chaud. »

Du grec moderne. *Chant populaire.*
(Recueil de Fauriel.)

LIX

(8+8)

HERMANN ET DOROTHÉE

FRAGMENT DU Vᵉ CHANT. (*Polymnie.*)

Il dit. La mère alors paraît : sa main d'Hermann tenait la main.
L'air grave, elle conduit son fils devant son époux ; et soudain :
« Père, dit-elle, souviens-toi ; dans notre intime causerie,
Combien de fois, de l'avenir caressant l'image chérie,
N'avons-nous pas vu notre Hermann, enfin se rendant à nos vœux,
Nous présenter une promise et son bonheur nous rendre heureux ?
Tous deux, partout, à droite, à gauche, en quête de brus nonpareilles
Cherchions d'avance, ainsi que font les parents dans les longues veilles.
Le voilà venu, ce grand jour. La bru qu'attendait ton désir,
Le ciel aujourd'hui nous l'amène; Hermann a su la découvrir.

Et ne disions-nous pas aussi : « Notre Hermann choisira lui-même ? »
Et toi, hier encor : « Ce garçon vraiment est par trop froid : qu'il aime !
« En homme qu'il s'éprenne enfin ! » Eh bien, père, le voilà pris ;
Son cœur a parlé bravement ; il a sa perle de grand prix.
La fille qui lui plaît, sais-tu, c'est la jeune et belle étrangère ;
Donne-la-lui, sinon Hermann dit qu'il mourra garçon. »

— « Mon père,
Ajoute Hermann avec ardeur, donne-la-moi ! donne-la-moi !
Mon choix est bon, mon choix est juste ; elle est la plus digne de toi ! »

Le père se taisait encore. Aussitôt le pasteur se lève.
Calme, il prend la parole et dit : « De l'homme le destin s'achève
Avec lenteur, mais sans retour un instant en a décidé.
On rumine en vain de longs jours, c'est l'instant qui jette le dé ;
Mais seul l'homme de jugement sait prendre au vol le parti sage.
Il est toujours fort dangereux, tandis qu'on pèse et qu'on ménage
Ceci, cela, les car, les mais, d'oublier le point capital.
Amis, je connais mon Hermann, dès l'enfance : en lui, rien de mal,
D'obscur, de faux ou d'hésitant ; son regard prompt est juste et ferme ;
Sachant tout d'abord ce qu'il veut, il sait le vouloir jusqu'au terme.
Et ne soyez pas stupéfaits de voir sans annonce arrivant
L'objet de votre long désir. L'objet arrive ainsi souvent
Tout autre qu'on ne l'a rêvé. Par nos désirs, le désirable
Peut à nos yeux être caché ; mais la Providence admirable
Dispense aux mortels ses présents, à l'heure et comme il lui convient.
N'allez pas méconnaître ici le trésor qui d'en haut vous vient,
La jeune fille, dont le charme émut un fils brave et modeste.
Heureux, à son premier amour qui peut tendre la main ! Céleste

Est son partage. Amer et morne est cet amour, s'il est déçu.
Regardez Hermann, c'est son heure, et je m'en suis vite aperçu.
En un seul jour, un amour vrai change un adolescent en homme;
Hermann, vous savez, a sa tête, et si vous refusez, en somme
Les plus beaux de ses ans perdus, dans le chagrin s'écouleront. »

Il s'assied et le bon voisin qui longtemps s'est gratté le front,
Et qui d'un lumineux conseil, sent la lèvre qui lui démange :
« Hâtons-nous lentement, dit-il, et n'allons pas prendre le change;
De l'empereur Auguste, amis, suivons le précepte ancien.
Je puis dans ce cas important, vous être utile, et je mets bien
Tout mon petit lopin d'esprit volontiers à votre service;
D'ailleurs, de guide la jeunesse a besoin. Ainsi je me glisse,
Suivez mon plan, tout seul, là-bas, où sont campés nos émigrants;
Je fais, sans paraître y toucher, parler à tour petits et grands;
On ne m'abuse pas; ce soir, vous saurez ce qu'est la personne. »

— « Merci, très-cher voisin, allez; informez-vous, l'idée est bonne,
Dit Hermann qui suit avec feu la piste. Mais à vous, pourtant,
Si notre bon pasteur voulait, en raison du cas important,
Se joindre, mes parents auraient un double et certain témoignage.
Père, si cette jeune fille est étrangère, est en voyage,
De son passé, va ne crains rien, ses yeux sont des yeux innocents;
Ses yeux n'ont jamais fait la chasse aux cœurs des naïfs jeunes gens.
Non, c'est le hasard orageux de cette impitoyable guerre,
Dévastant d'une même flamme et le palais et la chaumière
Qui l'arracha de sa patrie et qui rendit ses pas errants.
Nos temps ont vu, privés d'abri, les plus riches et les plus grands;

Des princes fuir, cachant leurs noms; des rois proscrits passer dans l'ombre.
Comme eux, elle cherche un foyer; ma Dorothée est de leur nombre.
En cendre est sa maison, mais elle, oubliant ses propres malheurs
Sans aide, orpheline, est en aide à tous, aux mères comme aux sœurs.
Indescriptibles sont les maux dont ces pauvres gens sont la proie.
Ne pourrai-je de tout ce deuil faire sortir un peu de joie ?
D'une compagne au cœur fidèle orner ma vie, et comme vous
Après l'incendie, oublier ce grand désastre, heureux époux ? »

Le père jusqu'alors muet, ouvrant de grands yeux : « C'est merveille,
S'écria-t-il enfin, de voir comme ce garçon se réveille !
Où trouve-t-il tout ce qu'il dit, lui qui si longtemps n'a dit rien ?
C'est en vain qu'un père à son sort croit échapper, je le vois bien.
La volonté du fils bouillant devient le désir de la mère,
Et les voisins prennent parti pour eux, contre l'époux et père.
Comment vous résister à tous ? vous êtes quatre, et je prévois
Des gémissements obstinés si j'allais refuser ma voix.
Allez, voyez, et ramenez, au nom de Dieu, dans ma famille,
S'il se peut, une bru, sinon, qu'il ne songe plus à la fille. »

A ces mots, Hermann transporté : « La chose est faite; avant ce soir
Tu me devras, père, une fille excellente, et tu pourras voir
La femme qu'un homme de cœur peut bien désirer entre toutes.
Mais elle, sera-t-elle heureuse ? Oh ! comment conserver des doutes !
Sur votre cœur, vous qui m'aimez, ne retrouvera-t-elle pas
Et les amis qu'elle a perdus, et ses parents morts dans ses bras ?
Sans perdre temps, je m'en vais donc, aux pommelés dans l'écurie
Mettre le harnais, et mener sur les traces de ma chérie

Nos deux amis. Ils verront seuls, ils pèseront, ils jugeront.
Je m'en remets à leur sagesse et je ferai ce qu'ils diront ;
Et tant qu'elle n'est pas à moi, point n'irai voir la jeune fille. »

Hermann, alors, sort de la salle; et les amis et la famille,
Du grand projet qui vient d'éclore arrêtent les détails derniers.

De l'allemand. GŒTHE.

LX

(7+7)

LA BATAILLE DE KOSSOVO

(1389.)

De Jérusalem la Sainte, à grand vol, un blanc faucon
Vient, un oiseau dans la serre; ou bien est-ce un aigle? Non.
L'oiseau blanc c'est saint Elie, et ce qu'il porte en la serre,
Ce n'est point un roitelet, mais c'est un message austère
Que du ciel envoie au tzar la sainte Mère de Dieu.
L'écrit tombe aux pieds du prince; il contient ces mots de feu :

« Bon Lazare, illustre chef, tu dois opter ce jour même
Entre le terrestre empire et le divin diadème.

Si tu choisis le premier, fais chausser les éperons,
Fais seller tous les chevaux, boucler tous les ceinturons,
Et fonds sur le camp des Turcs, Dieu te livre leurs phalanges.
Mais si ton âme fait choix du doux royaume des anges,
Dresse aux champs de Kossovo, tabernacle solennel,
Non de marbre, mais de pourpre, une église et son autel ;
Et que l'armée à genoux, communiant sous la tente,
Se sanctifie. Elle et toi, mourrez de mort éclatante. »

Dans les cieux est remonté le porteur du saint appel.
Le roi Lazare est pensif ; il se recueille en silence :
« Seigneur Dieu ! comment choisir ? où doit pencher ma balance ?
Le règne du monde est court ; sans fin le règne du ciel ;
Laissons l'empire du temps pour le royaume éternel. »

Sur les champs de Kossovo, Lazare dresse avec joie
Une église sans pareille : elle est de pourpre et de soie.
Douze archevêques dorés, avec le Saint-Sacrement,
Précédés du patriarche, arrivent. Pieusement,
Lazare et toute l'armée, à genoux ont pris la Cène.

Et déjà, de Kossovo, les Turcs ont couvert la plaine.

Prompts et fiers, les dix faucons, le père avec ses neuf fils,
Bogdan et les Yougowitch marchent sous le crucifix.
Les neuf fils ont derrière eux, de guerriers chacun neuf mille ;
Vingt mille suivent les pas de Bogdan, sombre et tranquille.
La bataille avec les Turcs roule ses noirs tourbillons :

Sept pachas sont écrasés, sept avec leurs bataillons!
Mais le huitième pacha triomphe des piquiers serbes;
Leurs rangs tombent. Et Bogdan, et les Yougowitch superbes,
Et les guerriers et les chefs sont fauchés comme des herbes.

En ligne entrent à leur tour un woïwode, un ban, un Roi :
C'est Gojko, c'est Uglécha, c'est Wukachin. Avec soi
Chacun de ces chefs conduit de guerriers trois fois dix mille,
Et cet ouragan de fer apparaît file après file.
La bataille avec les Turcs roule en nouveaux tourbillons :
Huit pachas sont écrasés, huit avec leurs bataillons !
Mais le dixième pacha rompt les cohortes superbes,
Et tous : Uglécha, Gojko, ces Merliatchéwitch superbes,
Et Wukachin, roi vaillant, sont fauchés comme des herbes
Le sabot des chevaux turcs piétine chefs et guerriers.

Dans l'arène entre à son tour avec ses hommes altiers,
Le duc de l'Herzégovine, Etienne à la longue lance.
La phalange de soldats, six fois dix mille s'élance.
La bataille avec les Turcs roule en plus noirs tourbillons :
Neuf pachas sont écrasés, neuf avec leurs bataillons !
Mais le dixième pacha rompt les cohortes superbes;
Et tous les Herzégovins, ces bons alliés des Serbes,
Etienne et ses combattants sont fauchés comme des herbes.

Dans les champs de Kossovo, Lazare à son tour descend :
Sept fois dix mille guerriers ont suivi le chef puissant.
Les pachas épouvantés reculent devant sa face,

Et des Turcs, la grande armée alors plie et s'embarrasse.
Et du combat des géants, Lazare sortait vainqueur ;
Mais, que le maudisse Dieu ! dans les rangs, un lâche cœur
S'est trouvé, c'est Wouk, le traître ! Il a livré son seigneur !
Lazare alors est tombé, le tzar glorieux des Serbes.
Dans la mort, suivant leur tzar, tous ces bataillons superbes,
Sept fois dix mille guerriers sont fauchés comme des herbes !

Kossovo, la verte plaine a couvert tous ces héros :
Saint Elie, en Paradis, leur a donné le repos.

Du serbe. *Chant populaire.*

LXI

(4+4+4+4 ou plutôt 8+8)

LE DIVIN

De cœur sois noble, homme, sois bon et secourable envers chaque être :
Parmi les sujets de la mort, cette marque te fait connaître.

A ces tout-puissants inconnus que dans le ciel met notre foi,
Qui nous fait croire? Ton exemple. Et vers eux nous allons par toi.

Car insensible est la nature ; et sur la vertu, sur le crime,
Le jour se lève, il luit pour tous, pour tous impassible et sublime

La foudre et la grêle et la trombe, et la tempête et les torrents,
Sur les déserts, sur les cités se promènent indifférents.

Capricieux est le hasard, son aile frappe dans ce monde,
Et le coupable et l'innocent, et tête blanche et tête blonde.

Le cercle de toute existence est aujourd'hui, comme autrefois,
Tracé par un ordre éternel que règlent d'immuables lois.

Mais l'homme seul peut l'impossible. Il cherche, pèse, juge, crée,
Et donne à l'instant qui s'enfuit, une impérissable durée.

Seul, il récompense le bien, punit le mal, sauve et guérit,
Et ramène au sentier du vrai, l'être qui s'égare et périt.

Nous honorons les Immortels, comme des hommes grandioses,
Meilleurs encor que nos meilleurs, et faisant de plus grandes choses.

Homme, sois donc noble de cœur, actif, droit, juste sous les cieux;
Et, secourable et bon pour tous, sois pour nous l'image des dieux.

 De l'allemand.   GŒTHE.

FIN DES POÉSIES.

APPENDICE
ET
NOTES

APPENDICE

DE QUELQUES RESSOURCES NOUVELLES POUR LA TRADUCTION
EN VERS ET PEUT-ÊTRE POUR NOTRE POÉSIE.

Cher critique, j'ajoute ici à ma lettre d'envoi un *post-scriptum* nécessaire.

Toute innovation doit se légitimer. Sa meilleure excuse, c'est d'être agréable ou utile. Les spécimens ci-dessus proposés de vers encore sans nom vous auront-ils plu ? je l'ignore, mais je crois ces nouvelles formes admissibles et utiles : admissibles, car elles sont en harmonie avec les principes de notre versification ; utiles, car elles nous permettraient de lutter à armes moins inégales avec les deux autres systèmes de vers interdits à notre langue, et qui se partagent le champ de la littérature, je veux dire le système métrique et le système rhythmique. Grâce à ces vers encore inusités, le sloka de Valmiki, l'hexamètre d'Homère et de Virgile, le vers héroïque des Niebelungen et des poëmes serbes, les vers blancs des Italiens et des Anglais, peuvent être rendus avec une fidélité impossible à nos moyens ordinaires. En outre, il y a vraisemblance que des moules nouveaux feront surgir des effets poétiques encore inconnus. Mais ces espérances pouvant paraître chimériques, une note justificative ne sera sans doute pas de trop.

Je pars d'un fait, l'extrême habileté de nos artistes en poésie, particulièrement depuis la révolution romantique, et je demande si l'instrument est à la hauteur des talents qui le manient. Sur ce point, notre amour-propre national aime à se faire illusion, mais j'en appelle à vous, qui lisez les poëtes étrangers de toute école, les orientaux et les occidentaux, les anciens et les modernes. Me contredirez-vous quand j'affirme qu'au point de vue technique, notre système de versification est l'un des plus pauvres, si ce n'est le plus pauvre de l'Europe? Est-il besoin de rappeler ici, que ce système, ignorant par principe l'inégalité de *durée* entre les syllabes, c'est-à-dire les brèves et les longues, ne peut avoir de pieds proprement dits, ni de mètres, et par conséquent nous laisse en dehors du monde musical créé par nos anciens, savoir les Hindous et les peuples classiques; que ce système, négligeant de même la différence d'*intensité* entre les syllabes, c'est-à-dire les temps faibles et les temps forts, ne peut pas davantage reproduire les vers simplement accentués ou rhythmés, connus sous le nom de vers blancs, et nous laisse ainsi dépaysés devant la poésie des divers peuples septentrionaux. Or, parmi les grandes littératures rivales, aucune n'est réduite à un pareil dénûment. Les poëtes de l'Allemagne, de l'Angleterre, de l'Italie, de la Russie, par exemple, peuvent écrire dans les deux systèmes qui nous demeurent fermés, tout en possédant le troisième, le nôtre, celui qui pour nous est l'unique.

Ce dernier, obéissant à un instinct démocratique et niveleur, a décrété l'égalité des syllabes, et dès lors ne peut plus les grouper qu'arithmétiquement. Un vers français est en conséquence un nombre déterminé de syllabes. Mais comme le chiffre n'a par lui-même rien d'esthétique, la sécheresse de ce principe dominant a dû être tempérée par un élément musical, lequel se manifeste, soit par une périodicité sensible dans la coupe intérieure du nombre adopté, c'est-à-dire par la cadence, soit par la similitude dans la sonorité matérielle de la syllabe terminale des vers, c'est-à-dire par la rime. Nos vers sont nombrés, cadencés et rimés; c'est leur méthode exclusive, et nous ne pouvons sortir de cette donnée première, pas plus qu'on ne saute hors de son ombre.

La rime, ce coup de cymbale qui avertit l'oreille qu'un vers vient de passer, et qu'il attend ou retrouve son jumeau, la rime est pour nous caractéristique. Et toutefois, même dans son domaine favori, l'oreille française est si distraite et si oublieuse qu'elle ne peut aller au delà du croisement des rimes le plus élémentaire, et perd le fil dès qu'il y a plus d'une sonorité différente entre les deux sonorités similaires. Aussi doit-elle reculer devant la strophe savante de Léopardi, où se suivent par exemple les cinq rimes : ARCHI, *erme*, *nostri*, *vedo*, CARCHI, les trois rimes du milieu cherchant leurs pareilles dans un emmêlement ultérieur. Elle doit même renoncer à calquer le tercet final d'un sonnet de Pétrarque, bien moins compliqué pourtant.

Prenons-nous du moins notre revanche dans les types fondamentaux de nos vers ? Hélas non ! ici encore infériorité marquée. Une preuve suffira. Toutes les belles littératures, guidées par un instinct délicat, ont créé pour les genres épique, lyrique et dramatique au moins trois moules de vers différents. Il faut en venir à la nôtre, pour rencontrer ce phénomène prodigieux d'un vers banal, d'un vers pour tout faire, qui doit, lui seul, servir en même temps à l'épopée, à la tragédie, à la comédie, à l'élégie, à l'épître, à la satire. Notre alexandrin est ce maître Jacques. Il ne réussit guère à masquer qu'à des yeux prévenus notre indigence rhythmique, et trahit une grave lacune dans le sens musical d'une nation, qui croyant une seule forme également propre à tout, n'a pas même mis en discussion l'habitude machinale de s'en remettre en chaque circonstance à ce factotum. Il est vrai qu'aux ordres de maîtres-profès tels que Victor Hugo, Leconte de Lisle, Banville, Coppée, l'alexandrin, devenu merveilleux de souplesse, fait non-seulement bonne contenance mais grande figure, et semble pouvoir suffire à tout. Mais quoique Paganini ait pu jouer d'une façon remarquable sur la seule chanterelle, il ne s'en suit pas que le monocorde soit une lyre satisfaisante. Pourquoi donc repousser d'avance comme hérésie ou superfluité toute addition proposée aux ressources un peu maigres de notre frugal système poétique ?

Le problème que la traduction nous pose est celui-ci. Trouver, dans les données mêmes de notre versification :

1º Un type de vers moins éloigné que l'alexandrin des convenances multiples de l'épopée ;

2º Un moyen de reproduire sans perte les vers blancs ou non rimés, les *versi sciolti*, pour les nommer à l'italienne.

Examinons séparément ces deux points.

I.

Comme vers épique, l'alexandrin a deux défauts sérieux. D'abord, avec ses deux petits hémistiches symétriques et la succession continue de ses rimes plates, il est d'une monotonie qui devient, au bout de cinquante ou de cent pages, insoutenable pour la majorité des lecteurs. Ensuite, quoique nous l'appelions le grand vers, il est trop court pour l'épopée, et bien loin de marcher l'égal des vers épiques de l'étranger, il ne les suit que de fort loin,

> longo sed proximus intervallo.

En effet, mille alexandrins contiennent à peine autant de syllabes que 375 slokas du *Maha-Bharata*, ou 800 hexamètres de *l'Iliade*. L'alexandrin ressemble assez à un adolescent qui doit faire quarante pas, pour franchir la distance que le géant hindou parcourt en quinze, et l'hellène adulte en trente-deux. Comment annuler ou diminuer ce désavantage qui en entraîne tant d'autres? Sera-ce par l'introduction du vers libre, comme l'avait essayé Favart après Molière et comme M. Marc-Monnier vient de le proposer à nouveau pour le drame et la comédie? Non, car l'épopée, réclamant l'ampleur et la majesté du mouvement narratif, ne s'accommoderait pas du vers inégal qui convient si bien à l'apologue. Sera-ce par le croisement des rimes? Le moyen serait évidemment une échappatoire plutôt qu'une solution. Reste un troisième moyen, nouveau et pourtant bien simple : agrandir le module du vers. L'expérience des autres peuples semble encourager cet essai.

L'épopée hindoue procède par *slokas* ou distiques de 32 syllabes, mais le sloka se divise en deux vers de 16, scandés chacun, en deux hémistiches de 8, avec une cadence mobile vers le milieu de l'hémistiche. Rien ne nous empêche de mouler rigoureusement le sloka, tel que le type nous en a été conservé par une légende gracieuse (1).

A son tour, l'épopée classique procède par hexamètres, vers qui se compose de six pieds, nombre fixe, mais qui se découpe en deux hémistiches inégaux et présente un nombre de syllabes qui peut varier entre 13 et 17, suivant que le vers enferme en son tissu 1, 2, 3, 4 ou 5 dactyles. L'hexamètre le plus court, celui de 13 syllabes, et le plus long, celui de 17, sont rarissimes et réservés pour la peinture d'effets très-particuliers. La presque totalité des vers de Virgile et d'Homère oscillent donc entre 14 et 16 syllabes, et la moyenne des moyennes, c'est 15 syllabes, savoir 3 dactyles et 3 spondées. Ex. :

Arma, virumque cano, Trojæ qui primus ab oris

dont la coupe, dans la méthode du vers français, se formulerait ainsi 7+8, sept étant le nombre des syllabes du premier hémistiche et huit le nombre du second.

---

(1) Deux cygnes se jouaient sur l'onde, aux yeux d'un brahmane qui les contemplait. Un chasseur passe et perce brutalement de sa flèche l'un des deux oiseaux. Le brahmane exprime à haute voix sa douleur, et ce cri de l'indignation compatissante, scandé par le sentiment de l'harmonie, se trouve être un double vers :

{ Homme cruel, des dieux jamais | ne puisses tu voir le séjour, ||
{ Toi qui tuas l'être innocent, | lorsqu'en son cœur chantait l'amour.

Valmiki avait inventé le *sloka*, le vers des grandes épopées sanscrites ; la pitié fut la muse de l'Hindou.

Comment rendre en français le vers hexamètre? On peut s'y prendre de plusieurs façons. Elimination faite des coupes moins perceptibles à notre oreille, il reste encore cinq manières différentes, dont trois reproduisent l'inégalité des hémistiches, et deux se résignent aux hémistisches égaux, comme dans l'alexandrin, mais en modifiant leur étendue, et par conséquent leur effet acoustique. Donnons des exemples.

PREMIÈRE MANIÈRE.

Le vers de 13 *syllabes* (coupé en 5 + 8).

Types :

> Unus qui nobis | cunctando restituis rem.

En français :

> Seul tu sauvas Rome, | ô sage temporisateur.

Ce vers que l'on pourrait appeler l'hexamètre d'Ennius, ne laisse pas d'avoir assez bonne tournure. Ex. :

> Sur le haut Olympe, | et les grands dieux et les déesses
> De loin contemplaient | le jeu terrible des combats ;
> Et Grecs et Troyens, | rivaux d'ardeur et de prouesses,
> Auprès du Scamandre | à grand bruit semaient le trépas.

Il permet déjà de traduire Homère, vers pour vers; ainsi (*Iliade*, chant VI, v. 390) :

> Aussitôt Hector, du palais s'éloigne et se presse.
> D'Ilion la grande il a revu les cent détours.

De la porte Scée, il va repasser les deux tours
Et gagner la plaine. A sa rencontre, avec tendresse
Accourt son épouse, Andromaque au noble maintien,
Fille d'Eétion, l'opulent roi cilicien..
Au pied du Plakus, montagne que les bois couronnent,
Sur Thèbe il régnait, lorsqu'à sa fille pour époux,
Il choisit Hector, dont au loin les armes résonnent.

Mais une fois qu'on change de logis, mieux vaut s'agrandir tout à fait; essayons d'un vers plus large.

DEUXIÈME MANIÈRE.

Le vers de 14 *syllabes* (coupé en 6+8).

Type :

Tantæ molis erat | Romanam condere gentem.

En français :

Tant il fallait d'efforts | pour fonder la cité romaine.

Ce vers, que j'appellerai le vers de Lucrèce, peut rendre de bons services, et donne encore plus d'aisance que le précédent. Il peut serrer de très-près les textes. Exemple, le passage fameux de l'*Enéide* (chant VI, v. 847), où Anchise prédit les destinées du peuple-roi :

Que d'autres, mieux que toi, maîtres du marbre ou de l'airain
Reproduisent la vie, et sculptent le chef-d'œuvre humain;
Que, des cieux étoilés possédant mieux la connaissance,
Poëtes plus parfaits, ils soient les rois de l'éloquence;
Pour toi, peuple romain, ton art sera de gouverner;
Tu verras, sous tes lois, les autres peuples s'incliner.
Epargne les vaincus, mais soumets au joug les rebelles.

TROISIÈME MANIÈRE.

Le vers de 14 *syllabes* (coupé en 4+4+6).

Type :

Una salus | victis nullam | sperare salutem.

En français :

Pour les vaincus, | braver la mort, | c'est protéger leur vie.

Ce vers rend assez bien les hexamètres à double césure qui se rencontrent fréquemment. Par exemple :

Quid faciat lætas segetes, quo sidere terram.

Imperio læti parent et jussa facessunt.

Voyez comme application la pièce LVII de ce volume.

QUATRIÈME MANIÈRE.

Le vers de 14 *syllabes* (coupé en 7+7).

Type :

Mantua quod fuerat | quodque Cremona prius.

En français :

Telle avait été Mantoue | et Crémone auparavant.

Ce vers, composé de deux hémistiches égaux et impairs, est le moulage du pentamètre ancien, dont il reproduit la vivacité particulière, mais il se prête aussi très-bien aux conditions de l'épopée, seulement c'est plutôt de l'épopée romantique, et nous l'appellerons en conséquence le vers chevaleresque. Voir les pièces LIV, LV et LX de ce volume.

CINQUIÈME MANIÈRE.

Le vers de 16 syllabes (coupe 8+8).

Type :

Parce metu, Cytherea, | manent immota tuorum.

En français :

Cesse de craindre, ô Cythérée, | un père jamais ne t'oublie.

Ce vers, qui peut aussi être scandé 4+4+4+4, est à tout prendre celui dont l'acquisition nous serait la plus utile. Doublant les ressources de l'octosyllabe, qui est notre vers le plus flexible et le plus varié, ce vers himalaïen possède une foule de propriétés et d'avantages. D'abord il peut rendre aisément, même les vers plus longs que lui. Ainsi,

Multa super Priamo rogitans, super Hectore multa,

qui a dix-sept syllabes, ne paraît pas plus vaste que :

Et sur Priam, et sur Hector, sans se lasser, elle interroge.

Ce type peut en outre exprimer les effets les plus heureux de l'harmonie imitative :

Sous le galop précipité, résonne et fuit la plaine immense,

n'a pas, ce me semble, moins de mouvement et d'horizon que le vers fameux :

Quadrupedante putrem sonitu quatit ungula campum.

Ce vers majestueux s'applique donc presque aussi bien à l'épopée grecque ou romaine qu'à l'épopée hindoue. Les pièces LI, LII, LIII, LIX, LXI de ce recueil le montreront dans ce rôle et sous d'autres aspects encore.

Mais pour apprécier la valeur comparative de ces cinq types de vers épiques, plus étoffés que l'alexandrin, le procédé le plus concluant sera de les essayer tous sur un même morceau; par exemple sur l'exorde de l'*Iliade* (sept hexamètres), en soumettant l'alexandrin à la même épreuve. Faisons ainsi.

N° 1.

Vers de 13 syllabes (coupe 5+8).

Du fils de Pélée, | ô Muse, chante la colère,
Qui de tant de maux | fut, pour les Grecs, la source amère,
Dans le noir Hadès, précipita tant de guerriers,
Délices des chiens, jouets des vautours carnassiers;
Du roi de l'Olympe, accomplissant l'âpre vengeance,
Dès ce jour fatal, où privé de l'intelligence,
Atride offensa le cœur d'un héros sans égal.

N° 2.

Vers de 14 syllabes (coupe 6+8).

Du grand fils de Pélée, | ô Muse, chante la colère,
Qui fut pour tous les Grecs, | de tant de maux la source amère,
Et dans le noir Hadès, précipita tant de guerriers,
Délices des vautours et jouets des chiens carnassiers;

Accomplissant ainsi du roi des dieux l'âpre vengeance,
Depuis le jour fatal où, privé de l'intelligence,
Atride osa braver Achille, un héros sans égal.

N° 3.

Vers de 14 *syllabes* (coupe 4+4+6).

Du fier Achille | aux pieds légers, | Muse, dis la colère
Qui pour les Grecs, | de tant de maux, | fut une source amère,
Et dans l'Hadès, précipita tant de vaillants guerriers,
Tristes jouets des noirs vautours et des chiens carnassiers;
Accomplissant du roi des dieux la cruelle vengeance,
Du jour fatal où par l'orgueil, privé d'intelligence,
Agamemnon osa braver un héros sans égal.

N° 4.

Vers de 14 *syllabes* (coupe 7+7).

D'Achille, fils de Pélée, | ô Muse, dis la colère
Qui fut de maux infinis, | pour les Grecs la source amère;
Avant l'heure, dans l'Hadès, fit tomber tant de guerriers
Délices des chiens errants et des vautours carnassiers,
Du souverain de l'Olympe, accomplissant la vengeance,
Depuis le funeste jour où, privé d'intelligence,
Atride offense en Achille un cœur fier mais sans égal.

N° 5.

Vers de 16 *syllabes* (coupe 8+8).

Du fier Achille aux pieds légers, | déesse, chante la colère
Qui pour les Grecs, sous Ilion, | fut de maux une source amère;

Et dans l'Hadès précipita tant de chefs et tant de guerriers,
Jouet des chiens et des vautours, délices des vils carnassiers;
Du roi des dieux, sans le savoir, accomplissant l'âpre vengeance,
Depuis le jour qu'Agamemnon osa, privé d'intelligence,
Par un affront immérité, blesser un héros sans égal.

N° 6.

Alexandrin.

D'Achille aux pieds légers, Muse, dis la colère
Qui de maux pour les Grecs fut une source amère,
Et jeta dans l'Hadès tant de vaillants guerriers
Délices des vautours et des chiens carnassiers;
De Zeus accomplissant ainsi l'âpre vengeance,
Du jour où par l'orgueil, privé d'intelligence,
Atride offense Achille, un héros sans égal.

Si je ne me trompe, c'est bien le n° 5, qui sort victorieux du concours; le n° 4 mérite, semble-t-il, la seconde palme, et l'alexandrin serait peut-être surfait par une mention honorable.

Nous avons donc trouvé au moins deux formes principales de vers narratifs que la théorie accepte et que la pratique justifiera vraisemblablement, car ces deux formes (7+7 et 8+8) résument en elles les qualités très-diverses du vers impair et du vers pair. Voilà résolue, ce nous semble, la première moitié de notre problème. Arrivons à la seconde.

II.

Comment, avec nos vers rimés, rendre l'effet des vers sans rimes, des vers blancs et uniquement accentués ? Je réponds : En développant le principe de la cadence ou de la césure qui est déjà dans notre versification.

Les rimeurs français font des vers blancs sans le savoir. Nos décasyllabes et nos alexandrins contiennent le germe de ce système que réprouvait Voltaire et qu'il croyait à tort nous être inabordable. En effet, prenons le début de la *Henriade* et notons ce que l'oreille entend. Elle perçoit quatre vers indécomposables :

> Je chante ce héros
> Qui régna sur la France,
> Et par droit de conquête
> Et par droit de naissance.

Or, dans ce quatrain, les vers pairs seulement sont rimés ; les deux autres sont blancs. Mais pour dérober ceux-ci qu'a fait le poëte ? Il les a réduits à l'état d'hémistiches et doublant son vers primitif, il a écrit :

> Je chante ce héros qui régna sur la France,
> Et par droit de conquête et par droit de naissance.

Il s'ensuit que la *Henriade* contient juste autant de vers blancs que de vers rimés.

Autre exemple ; Millevoye fait dire au Scalde Egill :

> Royal espoir.
> De la Scandinavie,

> Dans les combats
> Il était déjà roi
> Un dieu sans doute,
> Armé contre sa vie, .
> Un dieu fatal
> Combattait avec moi.

Dans cette stance de huit vers, les quatre impairs sont blancs. Pour escamoter les vers non rimés, qu'a fait Millevoye? Il a converti les quatre petits vers en membres antérieurs de vers plus amples et a condensé son huitain en un quatrain décasyllabique :

> Royal espoir de la Scandinavie,
> Dans les combats il était déjà roi ;
> Un dieu sans doute, armé contre sa vie,
> Un dieu fatal combattait avec moi.

Ces deux cas de réduction sont les seuls employés jusqu'ici, mais on pourrait généraliser la méthode et en tirer parti pour la question qui nous intéresse. La règle serait celle-ci : Pour reproduire les vers blancs des poëtes étrangers, le français devra les englober à l'état d'hémistiches, dans des vers de plus grand format. Par ce procédé, dans les cas favorables, nous pourrons économiser les deux tiers, et jusqu'aux trois quarts de nos rimes, c'est-à-dire conserver blancs, les deux tiers ou les trois quarts de nos vers : solution approximative déjà très-satisfaisante, et qui permettra peut-être un jour à notre oreille de sentir et de goûter les vers seulement rhythmés.

Cette notion du grand vers, considéré comme l'agglutination de plusieurs vers sans rimes, lesquels forment ses propres segments intérieurs, pourra être utile aux librettos d'opéra, en diminuant le nombre des pauvretés verbales qu'amènent inévitablement les tout petits vers rimés et consécutifs. Ainsi, d'une part, l'inconvénient principal de la rime sera tourné, et d'autre part, la rime continuera de relier dans une unité plus vaste ces petits groupes associés, encore visibles dans la transparence du long vers.

Cette idée poursuivie jusqu'au bout suggère et fournit plusieurs coupes nouvelles, pour les grands vers déjà existants, et plusieurs formes de vers nouveaux, plus grands que ces derniers. Entrons dans les détails.

Prenant 3 et 12 syllabes comme dimensions extrêmes des vers blancs à transporter dans notre langue et adoptant comme maximum des hémistiches dans un seul vers, le nombre de 4, nous arrivons au résultat suivant.

L'alexandrin, grâce à quatre coupes nouvelles, pourra incorporer plusieurs vers de 3, de 4, de 5 et de 7 syllabes. Ainsi :

1° *Coupe de* $3 + 3 + 3 + 3$.

Mes amis, | savez-vous, | cette nuit, | chose étrange,
Dans ce bal, homme heureux, à la fin, j'ai trouvé
La houri, la péri, le trésor ou mieux l'ange,
Qu'en son âme, à grand peine, un poëte eût rêvé.

Ce simple quatrain représente 16 vers blancs.

2º *Coupe de* 4+4+4.

A mon appel, | accourez tous, | fils des savanes !
Levez les yeux, voyez la lune et son halo.
A nous la proie et l'abondance en nos cabanes !
Devant la flèche, en vain fuira le buffalo.

Ce quatrain-ci représente encore 12 vers blancs.

3º *Coupe de* 7+5.

Allons, filles et garçons, | gai que l'on s'élance !
En avant, pleins d'allégresse | et main dans la main.
Galoubets, cors et hautbois | sonnent pour la danse ;
Tourbillonnons, troupe folle, | et jusqu'à demain.

Ce quatrain équivaut à 8 vers blancs.

4º *Coupe de* 5+7.

Filles et garçons, | leste et gai ! que l'on s'élance !
Remplis d'allégresse, | en avant main dans la main ;
Galoubets et cors | nous appellent à la danse.
Tourbillons, tournez, | follement jusqu'à demain.

Ce quatrain absorbe de même 8 vers blancs.

Le vers de 9 syllabes, déjà essayé dans l'opéra, incorpore trois vers blancs. Il se lit ainsi :

5º *Coupe de* 3+3+3.

Sur les monts, | sur les eaux, | sur les plaines,
Un frisson de bonheur a passé.
Du printemps, mon cœur boit les haleines,
Et l'espoir, de nouveau, l'a bercé.

(J'omets le vers de 10 syllabes avec césure au milieu, coupe 5+5, parce qu'il est très-connu, mais je fais remarquer en passant, que cette forme de vers, la seule, je crois, inventée depuis Ronsard c'est-à-dire depuis trois siècles, a été un enrichissement précieux de notre technique.)

6º *Coupe de* 5+5+5.

Les vers blancs de 5 syllabes, assemblés trois à trois, engendrent un autre vers nouveau, celui de 15 syllabes, qui résonne ainsi :

Il me faut partir, | partir pour toujours, | ma peine est cruelle ;
Le destin le veut ; au destin je cède. Adieu donc, adieu !
Mais en te quittant, tressaille mon cœur, ô ma douce belle ;
Que le tien me garde un souvenir tendre, et me plaigne un peu.

7º *Vers de 14 syllabes et ses trois coupes.*

Nous avons étudié à propos de l'épopée, le vers de 7+7, ainsi que les coupes parallèles 6+8 et 4+4+6. Il est donc superflu d'y revenir ici.

Mais la théorie nous appelant à noter quelques formes de vers composés, plus longs que le vers de 16 syllabes, et ce dernier devant être considéré comme le plus grand des vers imprimables en une seule ligne, indiquons ici un léger artifice d'arrangement qui sauve la difficulté typographique. On peut rendre sensible à la fois les vers incorporés et le vers incorporant rien qu'en mettant en vedette à gauche la majuscule unique et à droite la rime du grand vers qui enveloppe les petits, distribués à l'œil en lignes échelonnées. Appliquons ce procédé de notation aux trois dernières coupes dont, pour être un peu complet, il nous faut encore passer la revue.

8° *Coupe de* 4+4+4+4.

La réunion de 4 vers blancs de 4 syllabes, reproduit le vers de 8+8, étudié ci-dessus parmi les vers épiques. Un quatrain de cette espèce renfermera 16 vers blancs. La pièce LXIe de ce volume en donne un échantillon.

9° *Coupe de* 6+6+6.

Les vers blancs de 6 syllabes, assemblés trois à trois, donnent le vers de 18 syllabes qui sonnerait ainsi :

> Jeune homme, écoutez-moi :
>   sans crainte et plein d'ardeur
>   vous commencez la vie;
> Vous refusez d'en voir
>   les ennuis, les dangers
>   et votre âme est ravie.
> En faisant autrement
>   vous ne seriez pas jeune;
>   allez donc, espérez,
> Essayez, combattez,
>   usez de votre foi;
>   quelque jour, vous saurez.

Un tel quatrain contient ostensiblement 12 vers blancs.

10° *Coupe de* 5+5+5+5.

Quatre vers blancs de 5 syllabes, assemblés en un seul vers, donnent une mesure qui ne manque ni de vivacité ni de grâce, malgré la longueur de ce vers de 10 pieds. Qu'on en juge :

>Sur les vastes mers
>>quand il vente frais
>>>et qu'on voit au ciel
>>>>rire les étoiles;
>
>Sur son ancre, au port,
>>quand impatiente
>>>a frémi la nef,
>>>>agitant ses voiles,
>
>Gaiement dérapez
>>ou coupez le câble,
>>>et sans plus attendre
>>>>affrontant les flots,
>
>Prenez votre essor,
>>libres comme l'air
>>>et comme la vague,
>>>>heureux matelots.

11° *Coupe de* 6+6+6+6.

Quatre vers blancs de 6 syllabes peuvent s'engloutir dans un vers rimé de 24 syllabes, que nous pouvons regarder comme le vers limite, mais qui est encore un vers, car l'oreille quelque peu attentive en perçoit l'harmonie. Ce vers colossal servira aussi rarement que les énormes canons côtiers de notre époque, toutefois comme curiosité de musée, il peut être catalogué dans le présent inventaire. Il sonnerait ainsi :

> Comme un peuple en courroux
>   assiégeant un palais,
>   dans les plaines d'azur
>   s'assemblent les nuages;
> L'albatros à grand vol
>   tournoyant sur les mers
>   d'une aile prophétique
>   annonce les orages.
> Noir comme un catafalque
>   est le ciel. Tout à coup
>   l'éclair éblouissant
>   comme un serpent de feu
> Se tord. Lourd grondement
>   Roulant de monts en monts,
>   le tonnerre a rugi
>   la colère de Dieu.

Ce seul quatrain enrégimente donc 16 vers blancs sous le modeste pavillon de 4 rimes.

En résumé, cette douzaine de coupes nouvelles nous permet de nous assimiler les vers blancs de 3, 4, 5, 6, 7, 8, 10 et même 12 syllabes, sans violer les lois de notre technique; et si, à ces coupes simples, nous ajoutons les combinaisons possibles des unes avec les autres, nous multiplions presque indéfiniment nos moyens de suivre dans les volutes élégantes de leur dessin, les strophes ouvragées de Sophocle ou de Léopardi, quoiqu'il nous faille nous passer du système métrique et du système rhythmique, auxquels ces strophes doivent la naissance. Ainsi le second but que nous poursuivions est atteint, du moins dans la mesure où le permet notre langue.

Conclusion générale. La versification française peut faire face à beaucoup plus d'exigences qu'on ne le croit communément, pour peu qu'elle veuille secouer la torpeur magique de la routine et consente à se développer conformément à son propre génie. Etendre l'alexandrin et segmenter tous les grands vers, au besoin par deux ou trois césures, ces deux moyens élémentaires suffisent à nous assurer bien des conquêtes. Les *Etrangères* ont, dans leur seconde partie, essayé quelques-uns de ces nouveaux moules. Nous signalons aux esprits entreprenants une mine encore inexploitée ; mais c'est aux poëtes mêmes et aux critiques compétents, à prononcer sur la valeur de cette innovation.

NOTES

Pièce I. L'original est en vers blancs.

Pièce XI. L'original est en vers blancs.

Pièce XII. Dans l'original, le septième vers de chaque strophe est blanc.

Pièce XIII. La Saga de Frithiof, utilisée par le poëte-évêque Tegnèr, remonte au huitième siècle de notre ère. — Le roi norwégien Béla a fait élever avec sa fille Ingeborg, le jeune Frithiof, fils de son vieux compagnon d'armes, le wiking Thorsten, dans l'intention d'en faire plus tard son gendre. Mais la mort frappe les deux pères avant l'accomplissement de leur projet favori, et lorsque Frithiof, arrivé à l'âge d'homme, demande la main de la jeune princesse qui lui a donné son cœur, les fils de Béla, jaloux des avantages du jeune guerrier, lui répondent par un refus outrageant. Frithiof alors arme un vaisseau, et va, comme tous ceux de sa race, chercher la gloire et le butin dans les mers du Midi. — La pièce exprime la douleur d'Ingeborg au départ de son bien-aimé.

Pièce XIV. Cette pièce, bien souvent imitée, est, au moins nous le croyons, reproduite pour la première fois ici, avec une rigoureuse exactitude.

Pièce XXI. Mathias Corvin, fils cadet de Jean Hunyade, avait tout enfant été emprisonné à Prague par le gouverneur de Hongrie, le comte Cilley. Cette captivité politique fut assez longue. Délivré par la mort de son ennemi, le roi Ladislas V, Mathias se vit du même coup appelé au trône de Hongrie, par le choix des magnats. Il avait quinze ans. C'était en 1458. — La reine Elise de notre pièce est la veuve de Jean Hunyade, et la mère de Mathias.

Pièce XXIII. L'original est en vers blancs.

Pièce XXIV. La pièce de Gœthe est écrite dans un des dialectes de la Suisse allemande. Nous n'avons pas osé, en français, essayer de la naïveté patoise.

Pièce XXV. L'original est en vers blancs.

Pièce XXIX. Nous ne saurions garantir l'authenticité de cette chanson, rencontrée dans un recueil périodique; mais sa couleur particulière nous engage à la conserver ici.

Pièce XXXIV. La pièce originale qu'une mélodie touchante a popularisée est écrite en vers masculins. La traduction pour s'adapter au même air a dû conserver la même forme.

Pièce XXXVII. Cette ballade fameuse, le chef-d'œuvre de Bürger, a été très-imparfaitement comprise par Madame de Staël, qui a mis par exemple de la neige dans le paysage, et a transformé le reître brutal en un noble chevalier conduisant sa fiancée à l'autel. Le lecteur pourra voir ici le fantastique allemand sous son double aspect, le réalisme matériel et la vérité psychologique. S'il ne croit pas aux revenants en chair et en os, il est libre d'interpréter la pièce comme un cauchemar de la pauvre Lénore après l'épuisement de sa douleur.

Pièce XXXVIII. Pour comprendre l'arrière-sens de cette poésie célèbre, le lecteur français fera bien de se rappeler que l'astre des nuits étant du genre masculin dans les langues germaniques, notre Lune cesse d'être pour les poëtes allemands une amie et devient un ami.

Pièce XL. Dans l'original, le septième vers de chaque strophe est sans rime, comme dans la traduction.

Pièce XLI. L'original est en vers blancs.

Pièce XLII. Dans l'original le premier vers de la strophe est sans rime. Nous conservons cet effet.

Pièce XLIII. Ce conte, allégorie fameuse relative aux trois religions monothéistes, a été ici dégagé de ses attaches dramatiques.

Pièce XLVIII. L'original est en petits vers inégaux. On a essayé de rendre le texte en le ramenant au vers dramatique français.

Pièce L. Ce poëme saisissant, qui résume avec un art si merveilleux toute la vie humaine individuelle et sociale, est sans contredit la plus célèbre des compositions de Schiller. La musique et la peinture l'ont illustrée à l'envi, et l'Allemagne qui la sait par cœur ne se lasse point de la répéter. Aussi, traduite dans toutes les langues, l'a-t-elle été en français au moins une douzaine de fois. La présente traduction s'est proposé de reproduire l'œuvre de Schiller avec la plus rigoureuse fidélité poétique; elle serre le texte et le rhythme non-seulement vers pour vers, mais littéralement syllabe pour syllabe. C'est d'ailleurs le programme de ce volume.

Pièce LI. Ce court fragment est emprunté à l'histoire de Nal, l'épisode le plus célèbre de l'une des deux colossales épopées sanscrites, le Maha-Bharata. Cette dernière épopée a deux cent mille vers, l'épisode en question deux mille, et notre fragment une centaine environ. Notre citation n'est donc qu'une simple échappée sur un monde poétique immense, tout différent du nôtre, et complet en lui-même. Voici en deux mots la situation.

Un roi hindou nommé Yudichtira, a perdu ses Etats sur un coup de dé. Pour le consoler, le brahmane Vrihadasva lui raconte une aventure toute pareille à la sienne, celle du prince Nal qui, après une faute semblable et quatre années de souffrance, retrouva enfin son pouvoir et ses richesses. Ce récit fait le contenu de l'épisode.

Nal, qui n'a été entraîné au jeû que par l'influence irrésistible de Kali et de Dvapara, deux mauvais esprits jaloux de son bonheur, est le modèle accompli de toutes les vertus viriles, héroïques et royales. Son épouse Damayanti, la Pénélope de l'Inde, représente à son tour l'idéal brahmanique de la femme, le type du dévouement, de la tendresse, du courage et de la fidélité. Ne voulant pas entraîner sa famille dans son infortune et dans sa honte, le roi déchu a laissé ses deux enfants chez son beau-père Bhîma, roi de Vidarba. Sa femme a voulu malgré tout le suivre au désert et partager son absolue indigence. Mais, dès la première nuit du voyage, Nal est parti sans réveiller sa compagne, dans l'espoir que cet abandon l'obligera à retourner vers son père. Damayanti, malgré l'horreur de sa position, ne se décourage pas et entreprend la recherche de son mari à travers les dangers de la grande forêt. C'est là que nous accompagnons un instant la belle et vertueuse princesse.

Aux lecteurs qui trouveraient un peu trop touffue, cette description d'une forêt vierge de l'Inde, nous ferons observer que l'original l'est bien davantage. Ainsi le texte nomme trente espèces d'arbres, et nous nous sommes contenté d'une dizaine. En outre, dans l'intérêt de l'effet général, il a été pris ici et là, une certaine liberté, quant à l'ordre des détails. Du reste, cette licence ne concerne qu'un très-petit nombre de slokas, et l'ensemble du fragment est un moulage exact.

Pièce LVII. L'original est écrit en distiques élégiaques, soit en groupes de deux vers, l'un hexamètre, l'autre pentamètre. Nous essayons ici une moyenne.

Pièce LIX. La gracieuse épopée bourgeoise donnée par Gœthe sous le titre d'Hermann et Dorothée est trop connue pour que nous ayons besoin d'en parler ici.

D'ailleurs notre fragment s'explique assez par lui-même. Disons seulement que le poëme original est écrit en hexamètres homériques. Le vers de 16 syllabes nous semble pouvoir rendre ce rhythme avec la plus grande facilité ; en tout cas, vers pour vers.

Pièce LX. Kossovo est une plaine située tout au sud de la Serbie, au bas d'un défilé et au revers septentrional des montagnes qui protégent la Macédoine. Dans cette plaine prédestinée s'est à deux reprises décidé le sort de l'Europe orientale. Son nom est un nom de deuil national pour les populations chrétiennes de la péninsule du Balkan, et un souvenir de gloire pour les Turcs. En effet, Kossovo, qui fut en 1389 le Waterloo de l'empire serbe, vit en 1448 une autre bataille de trois jours, où furent anéanties les armées de la Hongrie, de la Valachie et de la Bohème, commandées par Hunyade. Ces deux grandes victoires remportées en personne par les sultans Mourad Ier et Mourad II, ont assuré pour des siècles et jusqu'à ce jour la domination ottomane sur ces malheureux pays qui supportent encore les conséquences de ces deux sanglantes défaites. — C'est à la première des deux batailles de Kossovo que se rapporte notre pièce, que sa beauté sombre a rendue classique.

Pièce LXI. L'original est en vers blancs.

FIN DES NOTES.

TABLE DES AUTEURS TRADUITS

(ORDRE ALPHABÉTIQUE)

		Pages.
ARANY.	La Reine Élise	81
BODENSTEDT.	Les Enchaînés.	87
BUERGER.	Lénore.	129
BYRON.	Prométhée	11
CAMOENS.	Les Jours de mon bonheur	171
CÉLANO.	Dies iræ (*chant liturgique*)	177
CHAMISSO.	Le Vrai Barbier.	151
COWPER.	Le Mot de l'énigme	69
ESQUILACHE.	Vains Soupirs	75
FREILIGRATH.	La Chevauchée du Lion.	213
»	Le Mont Nébo.	15
GŒTHE.	L'Apprenti sorcier	59
»	La Cloche qui marche	103
»	Le Divin	241
»	Eckard le bon génie.	77
»	L'Esprit des eaux	7

		Pages.
Gœthe.	Profession de foi de Faust.	175
»	Hermann et Dorothée (*Fragment*) . . .	231
»	Mignon.	167
»	Nuit de lune	143
»	Le Pêcheur	111
»	Ranz suisse.	91
»	Le Roi de Thulé. . . . . : .	67
»	Le Vieux Fer (*Légende*).	35
Heine.	Belsatzar	19
»	Lorley.	65
Hœlderlin.	La Nuit	227
Homère.	Quelques vers de l'Iliade . . . . 252 et	256
Keller.	Dans la forêt	217
Léopardi.	L'Infini	41
»	Le Soir d'un jour de fête	147
Lessing.	Les Trois Anneaux (*Conte oriental*). . .	161
Lingg.	Alexandre.	27
»	Spartacus.	31
Milnes.	Vie brisée	173
Mœrike.	Pressentiment	109
Pétœfi.	Mon Premier-né	225
»	Les Nuages	23
Platen.	Harmosan	211
Rueckert.	La Cause universelle.	29
»	La Citerne (*Parabole*)	121

TABLE DES AUTEURS TRADUITS.

		Pages
Scheffel.	Heidelberg	117
Schiller.	Le Poëme de la Cloche.	181
»	Le Punch.	127
Scott.	Le Pibroch de Donald Dhu	71
Tegnèr.	La Plainte d'Ingeborg	55
Uhland.	La Barque.	169
»	Le Bon Camarade.	159
»	Le Dimanche du berger	99
»	La Fille de l'hôtesse.	119
»	Roland varlet	43
Virgile.	Quelques vers de l'Enéide.	253
Vogl.	Le Retour	101
Vyasa.	Damayanti (*Fragm. du Maha-Bharata*).	205

CHANTS POPULAIRES

(SANS NOMS D'AUTEURS).

Breton.	Merlin.	39
Danois.	La Bataille navale.	113
Espagnols.	La Sieste	157
»	Romancero du Cid (*Trois pièces*)	219

		Pages.
Grec moderne.	Le Tombeau du Klephte	229
Séminole.	Les Trois Oiseaux.	105
Serbes.	La Bataille de Kossovo	237
»	La Recherche en mariage	89
»	La Répudiée.	93

TABLE DES MATIÈRES

PREMIÈRE PARTIE.

RHYTHMES CONNUS.

		Pages.
I.	L'Esprit des eaux (Gœthe).	7
II.	Prométhée (Byron)	11
III.	Le Mont Nébo (Freiligrath).	15
IV.	Belsatzar (Heine).	19
V.	Les Nuages (Pétœfi).	23
VI.	Alexandre (Lingg).	27
VII.	La Cause universelle (Rueckert)	29
VIII.	Spartacus (Lingg).	31
IX.	Le Vieux Fer (Gœthe)	35
X.	Merlin devin (*Chant breton*).	39
XI.	L'Infini (Léopardi).	41
XII.	Roland varlet (Uhland).	43
XIII.	La Plainte d'Ingeborg (Tegnèr).	55
XIV.	L'Apprenti sorcier (Gœthe)	59

		Pages.
XV.	Lorley (HEINE).	65
XVI.	Le Roi de Thulé (GŒTHE).	67
XVII.	Le Mot de l'énigme (COWPER).	69
XVIII.	Le Pibroch de Donald Dhu (WALTER SCOTT).	71
XIX.	Vains Soupirs (PRINCE D'ESQUILACHE).	75
XX.	Eckard le bon génie (GŒTHE).	77
XXI.	La Reine Elise (ARANY).	81
XXII.	Les Enchaînés (BODENSTEDT).	87
XXIII.	La Recherche en mariage (*Chant serbe*).	89
XXIV.	Ranz suisse (GŒTHE).	91
XXV.	La Répudiée (*Chant serbe*).	93
XXVI.	Le Dimanche du Berger (UHLAND).	99
XXVII.	Le Retour (NÉPOMUK VOGL)	101
XXVIII.	La Cloche qui marche (GŒTHE).	103
XXIX.	Les Trois Oiseaux (*Chant de Peaux-Rouges*).	105
XXX.	Pressentiment (MŒRIKE).	109
XXXI.	Le Pêcheur (GŒTHE).	111
XXXII.	La Bataille navale (*Chant danois*)	113
XXXIII.	Heidelberg (SCHEFFEL)	117
XXXIV.	La Fille de l'hôtesse (UHLAND)	119
XXXV.	La Citerne (RUECKERT)	121
XXXVI.	Le Punch (SCHILLER).	127
XXXVII.	Lénore (BUERGER).	129
XXXVIII.	Nuit de lune (GŒTHE)	143
XXXIX.	Le Soir d'un jour de fête (LÉOPARDI).	147

		Pages.
XL.	Le Vrai Barbier (Chamisso)..........	151
XLI.	La Sieste (*Chant espagnol*)	157
XLII.	Le Bon Camarade (Uhland)........	159
XLIII.	Les Trois Anneaux (Lessing)......	161
XLIV.	Mignon (Gœthe)..............	167
XLV.	La Barque (Uhland)...........	169
XLVI.	Les Jours de mon bonheur (Camoens)...	171
XLVII.	Vie brisée (Milnes)	173
XLVIII.	Profession de foi de Faust (Gœthe)....	175
XLIX.	Dies iræ (Thomas de Célano).......	177
L.	Le Poëme de la Cloche (Schiller)....	181

SECONDE PARTIE

RHYTHMES NOUVEAUX

LI.	Damayanti (Vyasa)............	205
LII.	Harmosan (Platen)	211
LIII.	La Chevauchée du Lion (Freiligrath)...	213
LIV.	Dans la forêt (Keller)	217
LV.	Le Cid (*Tiré du Romancero*).......	219
LVI.	Mon Premier-né (Pétœfi)........	225

		Pages.
LVII.	La Nuit (Hœlderlin).	227
LVIII.	Le Tombeau du Klephte (*Chant populaire grec*).	229
LIX.	Hermann et Dorothée. *Fragment du chant V*ᵉ (Gœthe).	231
LX.	La Bataille de Kossovo (*Chant serbe*). . .	237
LXI.	Le Divin (Gœthe).	241

APPENDICE

De quelques ressources nouvelles pour la traduction en vers, et peut-être pour notre poésie. 245

NOTES 269

Table des auteurs traduits dans ce volume . . . 273

FIN.

www.ingramcontent.com/pod-product-compliance
Lightning Source LLC
Chambersburg PA
CBHW071134160426
43196CB00011B/1891